COLLECTION
AUTODÉVELOPPEMENT

ANALYSE DE SES VALEURS PERSONNELLES

S'analyser pour mieux décider

CLAUDE PAQUETTE

ANALYSE DE SES VALEURS PERSONNELLES

S'analyser pour mieux décider

Du même auteur aux Éditions NHP

Techniques sociométriques et pratique pédagogique, 1971
Vers une pratique de la pédagogie ouverte, 1976
Le projet éducatif, 1979
Le projet éducatif et son contexte, 1980
Grille d'analyse réflexive pour cheminer en pédagogie ouverte (en collaboration), 1980
Évaluation et pédagogie ouverte (en collaboration), 1981
Activités ouvertes d'apprentissage (en collaboration), 1982

À paraître

Outils pour évaluer en pédagogie ouverte, Éditions NHP

IMPORTANT

Les outils présentés dans cet ouvrage peuvent être utilisés sur une base individuelle. En aucun cas, ils ne peuvent être utilisés dans des activités d'animation et de formation sans l'accord écrit de l'auteur.

DÉPÔT LÉGAL:
4e TRIMESTRE 1982
BIBLIOTHÈQUE NATIONALE DU QUÉBEC
ISBN 2-89037-100-X

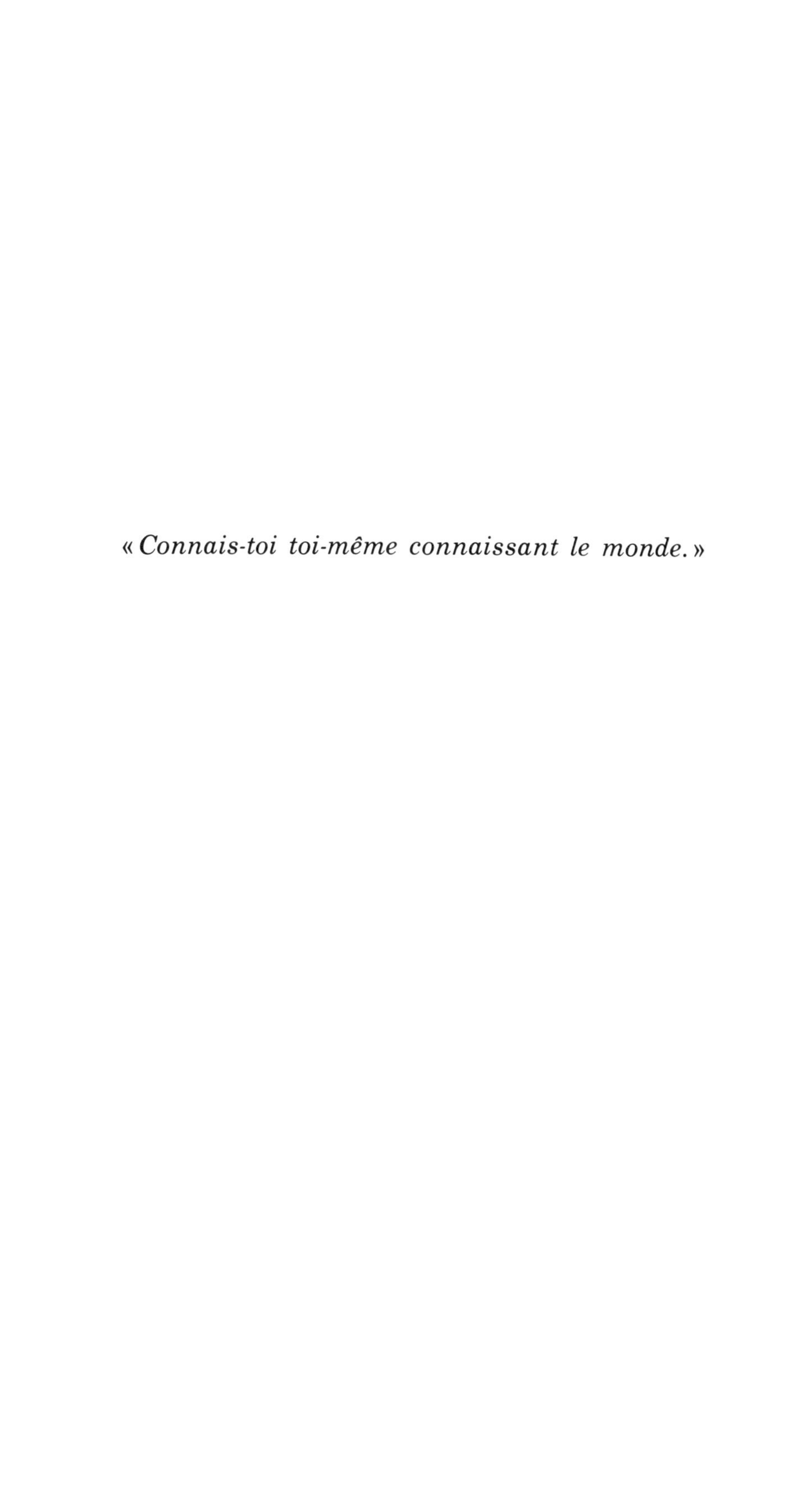

« Connais-toi toi-même connaissant le monde. »

TABLE DES MATIÈRES

Pages

CHAPITRE PREMIER

LA VALEUR D'UNE VALEUR

CHAPITRE DEUXIÈME

LES VALEURS DANS LA QUOTIDIENNETÉ

CHAPITRE TROISIÈME

S'ANALYSER ET DÉCIDER

CHAPITRE QUATRIÈME

SOI ET L'AUTRE

PRÉSENTATION DE LA COLLECTION

Les ouvrages de la collection visent avant tout à soutenir la prise en charge de la personne humaine. Il s'agit de volumes qui sont basés sur deux dimensions en interaction : l'auto-analyse et l'auto-développement. L'auto-analyse vise essentiellement à faire un retour sur soi pour chercher à mieux comprendre et à mieux saisir les forces internes qui nous animent. Il s'agit de se voir à travers un processus réflexif et anticipatif. Dans cette perspective, les ouvrages de la collection proposeront au lecteur et à la lectrice à la fois un cadre théorique pour effectuer cette analyse et des outils pratiques pour pouvoir la faire. Dans cet esprit, les ouvrages de la collection deviendront des outils de travail.

Cette auto-analyse dans l'esprit de la collection débouche sur l'auto-développement. Il s'agit de s'analyser pour pouvoir par la suite décider délibérément de se donner des axes de développement personnalisés et individualisés. La mise en œuvre de ces propositions permettra de viser à la consolidation ou à la transformation de certains aspects de sa vie personnelle. C'est une intégration des prises de conscience qui résultent d'une auto-analyse. De nouveaux apprentissages sont alors possibles. Ceux-ci viennent contribuer à la croissance personnelle de la personne humaine.

Les thèmes qui seront abordés dans la collection rejoignent les préoccupations contemporaines de la personne en croissance: les valeurs personnelles, l'intervention éducative, la santé mentale, la croissance dans le travail, la création personnelle, le style de vie, etc. Ce sont des thèmes axés sur l'existence même et sur les diverses facettes de celle-ci.

INTRODUCTION

Les discussions sur les valeurs individuelles et sociales deviennent de plus en plus fréquentes dans différents milieux. C'est un débat qui prendra probablement de l'ampleur au cours de la prochaine décennie. La personne humaine s'interroge sur ce qu'elle vit et sur ce qui la pousse à agir. Il devient courant d'entendre des gens déclarer qu'ils veulent vivre et travailler selon leurs valeurs et selon leurs aspirations.

Ce volume se veut un outil permettant à la fois de réfléchir sur le sens des valeurs dans notre vie et d'effectuer une auto-analyse de nos propres valeurs. Il veut favoriser l'auto-développement de la personne, permettre à chacun d'être l'expert de son analyse de même que des prises de conscience qui en découlent et, enfin, mettre à la disposition du lecteur un instrument pour l'aider à se situer dans son agir quotidien.

Ce volume n'a pas la prétention de faire le tour de l'immense domaine que sont les valeurs dans la société et dans la vie individuelle. Il tente surtout de situer les valeurs dans notre vie et de dégager certains éléments de réflexion. Explorer nos valeurs personnelles, les saisir et les soumettre à la réflexion sont les trois principaux axes de cet ouvrage.

Dans le premier chapitre, nous abordons le sens du concept «valeur». Il s'agit de distinguer ce qui, dans la vie quotidienne, est de l'ordre de nos *préférences*, de ce qui relève de nos *références*. Cette partie nous amène également à nous interroger sur la source des valeurs chez la personne humaine. Diverses influences possibles sont analysées. Le chapitre se termine par la présentation d'un concept fondamental dans l'analyse des valeurs, soit celui de la logique privée par opposition à la logique publique.

Dans le deuxième chapitre, nous abordons les valeurs, mais dans leur dimension observable, c'est-à-dire la vie quotidienne. Diverses interrogations apparaissent: la valeur et l'intensité du quotidien, notre façon de résoudre le dilemme liberté/sécurité, l'importance du couple autonomie/interdépendance. Ce chapitre met également l'accent sur la nécessité de «se choisir» et de s'assurer que les décisions prises sont en accord avec les valeurs qui sont importantes pour soi.

Le troisième chapitre aborde tout l'aspect de l'auto-analyse: le pourquoi, le quoi et le comment. Après avoir décrit le processus d'auto-analyse, nous offrons au lecteur un coffre d'outils qui lui permettra de faire une exploration personnelle de ses valeurs. Les outils présentés permettent d'explorer les valeurs, de les saisir et d'y réfléchir pour pouvoir, par la suite, effectuer des choix personnalisés. Ces outils sont ouverts et s'adaptent facilement à la démarche du lecteur/analyste.

Le dernier chapitre aborde le problème de la relation entre soi et l'autre dans un processus de clarification des valeurs. Il tente de démontrer l'importance de l'autre pour pouvoir se réaliser en harmonie avec ses propres choix. *Être solitaire et solidaire*: deux attitudes qui sont en interaction et indispensables à tout processus de croissance.

L'ouvrage se termine par la présentation d'une bibliographie sur les valeurs et par un lexique des principaux termes utilisés dans le volume. Cette bibliographie veut permettre au lecteur d'approfondir sa réflexion sur le sujet étudié. À la fin des deux premiers chapitres se trouve une série de notes. Ces notes sont directement reliées aux points traités dans le chapitre. C'est à cet endroit que sont présentés les ouvrages de référence.

* * *

Une démarche d'auto-analyse de ses valeurs personnelles n'a pas pour but de régler tous les problèmes. Il s'agit bien d'un processus que toute personne désireuse d'actualiser ses aspirations les plus profondes peut mettre en branle. Ce processus d'auto-analyse est un outil d'auto-développement personnel. Par le biais de la démarche qu'il propose, ce volume offre à la personne en croissance la possibilité d'entreprendre un processus d'analyse continue et ce, avec le minimum d'aide extérieure. Nous croyons en effet qu'il est possible de prendre en charge son analyse et ses conséquences. Nous croyons que notre pensée peut se transformer progressivement et devenir réflexive et anticipative.

Cet ouvrage aura atteint son but s'il permet au lecteur et à la lectrice de se sentir un peu plus outillé pour entreprendre une démarche d'auto-clarification de ses valeurs. Il dépassera ce but s'il permet déjà, à la lecture, de commencer à saisir ces valeurs.

La rédaction de cet ouvrage m'a personnellement beaucoup apporté. Après avoir écrit et publié plusieurs ouvrages sur l'éducation, la pédagogie et l'intervention, j'ai senti le besoin de rapprocher ma démarche de la vie courante, de la quotidienneté *. Or, pendant tout le temps

---

* J'ai préféré employer tout au long de cet ouvrage le mot quotidienneté pour désigner ce qui fait partie des temps familiers de notre existence et qui reviennent journellement. Quoique ce terme n'est pas inscrit dans le français d'usage, je le préfère à cause de son usage dans la langue vernaculaire.

qu'a duré la rédaction de ce livre, je me suis constamment senti en contact avec la mouvance et avec le dynamisme de la vie. J'ai questionné ma propre existence, mes propres valeurs. J'ai mieux cerné ma logique privée ainsi que mes réactions face aux valeurs dominantes dans la société actuelle. J'ai mieux cerné l'interdépendance qui existe entre moi et ceux qui m'entourent. J'ai mieux défini mes hypothèses de vie pour l'avenir immédiat.

Peut-être ai-je besoin d'écrire pour mieux me saisir! Quant au lecteur, j'espère qu'il pourra, grâce à ce processus d'auto-analyse, mieux se voir et mieux se connaître. Ne serait-ce pas extraordinaire si tous ceux qui effectuent leur auto-analyse se mettaient à écrire le «journal» de leur cheminement? La communication de ce journal personnel aux gens de notre entourage contribuerait certainement à créer de nouveaux rapports avec les autres. Ce serait une façon stimulante de faire circuler de multiples prises de conscience personnelles. Une nouvelle compréhension et de nouveaux rapports pourraient naître de cet échange.

Claude PAQUETTE

CHAPITRE PREMIER

LA VALEUR D'UNE VALEUR

Les valeurs tant individuelles que sociales sont actuellement un point chaud dans les débats contemporains. Ceux-ci sont très souvent vifs entre divers groupes ou associations qui font la promotion de valeurs souvent différentes, voire diamétralement opposées. Les débats sont souvent passionnés car ils touchent l'individu dans ses racines. Les valeurs sont également l'objet de vives critiques dans différents milieux. Certains prônent des valeurs généralement admises par la tradition alors que d'autres veulent, par des projets innovateurs, transformer celles-ci pour en arriver à un nouveau contrat social.

Les débats sur les valeurs peuvent prendre diverses formes : pour les uns, il s'agit d'un discours théorique alors que pour d'autres, il s'agit d'une analyse qui doit se faire en rapport étroit avec la vie quotidienne. Très souvent, dans les dernières années, nous avons vu des organismes critiquer des projets à la lumière du discours sur les valeurs. Il suffit de prendre pour exemple la vive contestation dans le monde occidental des projets d'éducation sexuelle dans les écoles. Certains intégristes religieux ont même, dans certains milieux, rejeté ces projets (souvent même sans les voir) en les soumettant à leur grille de valeurs morales. L'intrusion de nouveaux schèmes dans cette grille provoque des remous et des tensions. La crainte s'empare des groupements parce que l'on suppose que les valeurs seront remises en question et que, par voie de conséquence, certaines vont diminuer d'importance dans le vécu de la collectivité. De là émane le combat. Qui aura la primauté?

Depuis plus d'une décennie, il est généralement admis que nous traversons une période de crise des valeurs[1]. Tout, semble-t-il, est remis en question. Il semble y avoir une pluralité de valeurs. À chacun son choix. D'autres signalent qu'il n'y a plus de valeurs. Une société sans valeur. Un individu sans valeur. Cette «crise» peut prendre diverses dimensions. Certains y voient un aspect négatif qui est dû à une trop forte remise en question qui a pour effet d'engendrer des bouleversements personnels et sociaux. Cette situation de déséquilibre est une source de tension et elle brise l'harmonie des individus dans la société. D'autres y voient par contre une voie positive. L'éclatement des valeurs traditionnelles a favorisé l'émergence de nouvelles valeurs qui permettent à l'individu un choix plus riche qui favorisera un développement plus sain et plus équilibré. Cette diversité engendre certes des tensions mais elles sont bénéfiques pour l'individu en croissance. Les tenants de cette deuxième approche insistent souvent sur le fait qu'il est préférable de vivre une situation de déséquilibre temporaire si cela nous permet par la suite de faire des choix personnalisés qui nous permettront de retrouver progressivement un nouvel équilibre qui sera plus satisfaisant parce que plus conscient.

Le sens du concept valeur

Une valeur est intimement liée à l'individu et à sa conduite. Elle est intérieure à l'individu et elle nomme ses gestes quotidiens. Ceux-ci sont des faits observables qui se traduisent par un certain nombre de valeurs qui le guident, l'orientent. La valeur nomme l'individu et légitime ses gestes. Elle traduit souvent ce qu'il y a de plus profond en lui. Par contre, il convient de noter qu'une valeur individuelle n'est pas statique. Au fur et à mesure de nos expériences de vie, elle se consolide ou encore elle se transforme. Nos vies personnelles sont généralement mues par quelques valeurs qui sont, à nos yeux, fondamentales. Il est évident que nos valeurs personnelles sont sanctionnées ou encore confrontées par celles qui ont la primauté dans le milieu dans lequel nous vivons. Cet aller-retour nous permet de nous ajuster et ce, de diverses manières. Si je suis un individu qui subit difficilement les pressions extérieures, j'aurai une tendance à modeler rapidement mes valeurs sur celles qui sont dominantes dans mon milieu. Je serai alors pris dans un dilemme. Je me transforme en fonction de ces pressions extérieures avec satisfaction ou encore je me transforme mais en laissant tomber des éléments fondamentaux pour moi. Je peux également avoir une réaction différente. Je résiste à ces pressions extérieures mais en en acceptant les conséquences. Je me refermerai alors sur moi-même, sur mes aspirations, et j'aurai des contacts purement utilitaires avec le monde extérieur. C'est là la situation de plusieurs qui refusent certaines valeurs dominantes. Je pense ici à ceux qui veulent axer leur vie sur les valeurs de partage, de solidarité, de coopération alors que souvent leur milieu environnant est basé sur la compétition, sur l'individualisme, voire sur la rivalité. Ils sont alors confrontés dans leur quotidienneté, même si leurs choix personnels sont clairs et identifiés. Certains définissent cette situation dans l'expression suivante : plusieurs mondes dans un monde. Nous pourrions avoir une autre analyse : des interactions différentes dans un monde univoque à cause de la domination de certaines valeurs.

Trois situations se présentent à nous lorsque nous examinons cette interaction entre nos valeurs et celles de la société dans laquelle nous intervenons :

JE m'ajuste aux valeurs de mon MILIEU

JE travaille pour que mon MILIEU s'ajuste à mes valeurs

JE me mets en interaction avec mon MILIEU

Ce choix de manières de faire est très lié à notre structure de personnalité et à la nature de nos valeurs fondamentales. De plus, il est lié à la conscience que nous avons de nous-même et des valeurs de la société environnante. Certains nous disent qu'ils n'ont pas de problème à régler leurs valeurs sur celles de la société dans laquelle ils évoluent. Après discussion, nous constatons qu'ils ont souvent une connaissance très limitée à la fois de leurs valeurs ainsi que de celles de leur milieu. Ils deviennent étonnés lorsqu'ils analysent ce que véhicule leur milieu.

À mon sens, il est aberrant d'ignorer les valeurs d'un milieu. Pourquoi ? Tout simplement parce que le milieu, lui, ne nous ignore pas. Le milieu intervient à notre égard en fonction des valeurs qui lui dictent sa conduite. Son organisation n'est pas neutre. Ses règles sont connues et elles font partie intégrante de sa relation avec l'individu. Une illustration de ce fait: le cas de Yves et de Josée:

YVES ET JOSÉE EN AFFAIRES

Après leurs études en design, Yves et Josée décident de lancer une petite entreprise de fabrication de meubles de reproduction. Pendant leurs études, ils avaient souvent discuté de ce projet et ils voyaient plusieurs dimensions à leur entreprise. Ils pensaient qu'il était important de lancer sur le marché cette production parce qu'ils voulaient démocratiser le meuble bien fait mais lié au patrimoine. De plus, cette entreprise leur permettait de modifier la conception de la fabrication du meuble. Ils voulaient à la fois fabriquer mais également apprendre aux usagers à fabriquer des meubles selon leur inspiration et leur goût. Ils mirent donc sur pied un système de meubles modulaires adaptables à la personnalité du client. L'idée était généreuse et innovatrice. Leur souci premier: diffuser le concept et ce, par une large publicité. Dans les faits, leur entreprise s'avéra très rentable et ce, dès la première année. Dans leur souci de diffuser cette idée, ils acceptent régulièrement de parler de leur concept, de faire visiter leur petite usine, d'échanger des idées... Ils aident même certains autres artisans à se mettre en affaires.

> Dans la troisième année de fonctionnement, les affaires diminuent et ils commencent à connaître des problèmes financiers. Les bailleurs de fonds s'impatientent et ils somment nos deux entrepreneurs de devenir plus compétitifs et plus agressifs sur le marché. De plus, il leur est clairement mentionné que la coopération avec d'autres entreprises nuit à leur chiffre d'affaires. Pourtant, au début, tous trouvaient l'idée intéressante pour favoriser la diffusion. Dans cette perspective, ils demandent de l'aide à ceux qu'ils avaient déjà conseillés. Aucune réponse. Ils se retrouvent seuls. Les bailleurs de fonds ferment les portes de l'usine en invoquant le fait qu'en affaires, il n'y a qu'une seule règle pour réussir : chacun pour soi.

Une valeur part de l'individu et elle lui est personnelle. Par contre, il cohabite avec d'autres individus dans une collectivité qui peut vivre d'autres valeurs. Cette interaction est fondamentale dans les jeux qui s'établissent entre l'individu et le milieu.

Une valeur est une préférence[2]

Le milieu tout comme l'individu a des préférences pour un certain nombre de valeurs. Par le biais de choix plus ou moins éclairés, il est demandé de faire la promotion de telle valeur plutôt que de telle autre. Il serait préférable de respecter l'autorité plutôt que de favoriser l'indépendance personnelle. Il serait préférable d'être autonome plutôt que dépendant. Il serait préférable d'être compétitif plutôt que de développer le partage. Autant de préférences qui sont en soi justifiables. Les préférences sont souvent étroitement liées à des aspirations individuelles et collectives.

Les valeurs qui sont regardées comme des préférences posent un premier problème. C'est celui qui est lié au fait qu'il existe une nette différence entre des aspirations et des valeurs qui sont ancrées dans notre quotidienneté. J'entends par là que l'on a beau vouloir tendre vers certaines valeurs, croire en leur importance, cela n'entraîne pas automatiquement la capacité de les intégrer dans notre conduite quotidienne. C'est là un problème qui est valable pour l'individu tout autant que pour les organisations ou la société en général.

Les valeurs/aspirations/préférences sont souvent de l'ordre du discours. Il est souvent facile d'établir une argumentation pour expliciter les raisons qui nous poussent à vouloir faire la promotion de telle valeur plutôt que de telle autre. Cette argumentation, si logique soit-elle, n'entraîne pas l'intégration de ces mêmes valeurs dans la vie de tous les jours. L'analyse de la quotidienneté rend compte souvent d'une distorsion entre les aspirations et les valeurs assumées. C'est là tout le problème de la cohérence entre le discours que nous tenons et les gestes que nous posons. Pour illustrer ce fait, je vous propose la lecture d'un article paru dans le journal *Le Devoir*. Il s'agit en fait d'une organisation (une commission scolaire) qui prône certaines valeurs dites chrétiennes et qui voudrait que le milieu respecte dans sa quotidienneté ces mêmes valeurs. Tout le problème de la cohérence interne dans une organisation se pose crûment et ce, dans toute son amplitude. Le titre de l'article est très révélateur de l'arme que sont les valeurs dans l'exercice du pouvoir. Ce texte nous montre, par un cas concret, qu'il existe une nette différence entre le fait de discourir sur certaines valeurs et le fait de les assumer dans une conduite. Il est à se demander si certains croient tellement peu aux valeurs qu'ils disent défendre qu'il leur faut utiliser des valeurs souvent inverses pour que les leurs s'installent.

LA CONTRAINTE DES ESPRITS

Par Jean-Pierre PROULX

Le Devoir, 6 mars 1981

Quand on s'emprisonne volontairement dans une idéologie et que, par intérêt, l'on tient mordicus à n'en jamais sortir, on se condamne fatalement à devoir un jour nier la réalité pour sauver l'idéologie. C'est ainsi que les commissaires de la CECM ont été forcés mercredi soir de donner au public un spectacle qui, malgré les apparences, n'avait absolument rien d'édifiant. Mais il faut d'abord rappeler les faits.

En décembre dernier, la CECM recevait un rapport d'évaluation sur l'École-atelier, une école expérimentale du nord de la ville, créée quatre ans plus tôt. Le dépôt de ce rapport constituait la première étape menant à la décision de poursuivre ou non l'expérience de façon pertinente.

Or voici que les commissaires de la CECM, en particulier les abbés Corbeil et Lacoste, relevaient dans le rapport des phénomènes inquiétants du point de vue de leur grande préoccupation, soit le caractère confessionnel de l'école.

D'abord la majorité des élèves était exemptée de la catéchèse ; il y existait deux comités l'un de formation morale, l'autre de catéchèse jouissant étrangement d'un statut d'égalité; la présidente de l'AQADER avait déjà été invitée à présenter son point de vue aux parents alors que le Comité catholique du CSE ne l'avait pas été, etc. Conclusion : avant de décider de prolonger ou non l'expérience, la CECM invitait l'École-atelier à préciser son « caractère confessionnel ».

Or il faut rappeler une chose : le 21 février 1980, la CECM décidait d'autorité que dorénavant toute et chacune de ses écoles devait poursuivre « un projet éducatif chrétien ». C'est la formule rituelle et consacrée pour désigner une école qui en plus de faire place à la religion dans ses activités pédagogiques, accepte la « conception chrétienne de l'homme et de la vie comme principe d'inspiration et comme norme de son action éducative ». Ce n'est pas peu dire.

Les parents de l'École-atelier se voyaient donc pris dans un dilemme: ou bien, ils reconnaissaient d'emblée qu'ils n'entendaient pas poursuivre ce fameux « projet éducatif chrétien » et alors ils risquaient la fermeture de l'école. Ou bien, ils faisaient collectivement la profession de foi souhaitée par la très ecclésiastique CECM; mais alors, les parents se voyaient contraints de « marcher sur leurs principes », en se disant, comme Henri IV, que finalement « Paris vaut bien une messe ».

Mais la communauté scolaire de l'École-atelier a réussi à trouver l'étroit passage qui mène à la mer de Chine. Son dernier rapport démontre que l'école a jusqu'ici scrupuleusement suivi les normes du MEQ et de la CECM en matière religieuse y compris en ce qui a trait à l'exemption. Mais on a fait bien mieux encore: on y a inscrit une « profession de foi » qui convenait parfaitement. Nous espérons, lit-on dans le rapport, faire de l'École-atelier « une école au caractère "catholique" entendu au sens étymologique i.e. universel, ouvert aux appels et aux valeurs du monde entier où tous les groupes concernés font l'expérience difficile mais combien enrichissante d'un dialogue exigeant et fraternel, stimulant pour tous ». Cette citation n'est de nulle autre que de Jean-Paul II. C'était parfait.

Tous les braves commissaires de la CECM n'ont pas tous la même lucidité et surtout pas le même courage. Deux seulement (la majorité s'est d'ailleurs réfugiée dans le silence) ont indiqué poliment qu'ils n'étaient pas dupes de ce qu'ils lisaient. L'un a signalé qu'il « ne fallait pas se méprendre » et qu'il aurait aimé bien mieux entendre parler d'une « école chrétienne » plutôt que d'une « école catholique au sens étymologique ». L'autre a été plus clair encore: « Il est tiré par les cheveux de parler de projet éducatif chrétien. J'ai d'ailleurs de sérieux doutes quant à la possibilité de réaliser un tel projet dans cette école ». Le commissaire s'est permis de féliciter les parents pour « leur intelligence et leur perspicacité ».

Mais les commissaires faisaient aussi face à un dilemme: s'ils refusaient le « beau » rapport de l'école, ils se devaient en même temps, pour être cohérent avec leur décision antérieure, de mettre fin au projet de cette pseudo école catholique. Mais ce faisant, ils auraient déclenché une belle bagarre. Il pouvait aussi accéder à la demande des parents et reconnaître la permanence du projet d'école ; ce faisant, ils se trouvaient implicitement à reconnaître le bien-fondé du rapport présenté.

Mais eux aussi ont trouvé le passage de la mer de Chine. Ils ont tout simplement relancé le débat sur un terrain sûr et dénué d'embûches idéologiques. Ils se sont demandés si, sur le plan pédagogique, on avait poursuivi suffisamment longtemps l'expérience pour conférer à l'école un caractère permanent. À cette question, sept ont répondu oui et neuf ont dit non. Finalement, à travers une procédure expéditive et combien utile, on a simplement décidé que l'école allait conserver son caractère expérimental.

En pratique, tous s'accordent à dire que cette école est là pour rester. Mais les commissaires, tout en ayant réussi à préserver l'intégrité de leur idéologie, se sont donnés une arme formidable : en principe, ils peuvent toujours remettre en cause l'École-atelier. Les parents ont donc tout intérêt à se comporter et, surtout, à avoir l'air de se comporter en « catholiques ».

Il est absolument incroyable que l'on doive en 1981 s'adonner à ce genre de tricherie. Cela est d'autant plus inacceptable que les commissaires de la CECM ont tous été élus en faisant publiquement acte de foi catholique. Or rien n'est plus contraire à la morale chrétienne que l'hypocrisie dans laquelle ils se sont enveloppés.

Au plan démocratique, leur comportement est proprement intolérable : fiduciaires d'un réseau d'écoles publiques dans lesquelles chaque citoyen devrait donc sans pression, pouvoir participer en pleine égalité, les commissaires de la CECM imposent, au contraire une contrainte sur les esprits. Est-ce possible ?

Une valeur est une référence[2]

C'est là une dimension essentielle d'une valeur, c'est-à-dire qu'elle soit une référence pour la conduite d'une vie. Dans cette perspective, elle nous nomme, elle nous traduit, elle nous inspire. La valeur/référence est celle qui est intégrée à notre personne. Elle est intérieure et elle inspire nos gestes et nos décisions. Elle a plus de profondeur qu'une valeur/préférence en ce sens qu'elle fait partie de nous-même. Il n'est pas dit qu'il ne puisse y avoir une adéquation, une cohérence entre la valeur/préférence et la valeur/référence, mais l'on observe habituellement que les préférences sont beaucoup plus larges et généreuses que ce que l'on assume dans nos gestes quotidiens.

La valeur/référence est plus exigeante que la valeur/préférence. Elle est plus observable dans les faits et elle est le signe de notre situation actuelle au niveau de notre croissance personnelle. Elle nous permet de nous analyser dans une plus juste perspective. Elle nous centre davantage sur notre réalité alors que la valeur/préférence peut nous tromper, nous illusionner. J'ai souvent observé des personnes qui, à force de se débattre pour certaines préférences, en sont venues à croire qu'elles les assumaient dans leur vie quotidienne. À force d'en parler l'on vient à croire qu'elles font partie de notre personne. Dans certains cas, c'est réel. Dans d'autres, il y a un écart très grand.

La valeur/référence est également plus engageante face aux autres. Elle nous oblige à nous présenter avec clarté et transparence. Elle permet de mieux nous connaître et, de plus, elle permet aux autres de mieux nous reconnaître. Elle évite de nous enfermer dans une logique a priori. Elle est le signe de notre évolution personnelle qui se fait à travers un jeu de tension permanent. En effet, il est rare d'observer des personnes dont les préférences sont toujours cohérentes avec les gestes quotidiens. Une tension dialectique s'établit sans cesse entre nos cohérences et nos incohérences. À mon sens, la croissance personnelle équilibrée est une recherche constante et continue d'une plus grande cohérence. En d'autres mots, il s'agit progressivement de réduire l'écart entre nos préférences et nos références. C'est une démarche difficile qui peut se réaliser à la condition que nous acceptions de procéder à une analyse régulière de notre vécu et ce, dans la perspective de mieux nous comprendre et, par la suite, d'agir progressivement avec une plus grande cohérence. S'analyser, c'est chercher à comprendre ce qui nous guide, ce qui nous pousse vers certains gestes plutôt que vers d'autres. C'est chercher à reconnaître notre toile de fond, nos racines. L'analyse ne suppose pas que l'on juge si c'est valable ou pas. L'analyse est un processus qui permet la compréhension d'une situation réelle ou vécue.

La valeur complète et la valeur partielle

La distinction apportée entre les préférences et les références permet de se donner d'autres éléments pour favoriser une analyse plus en profondeur. Il s'agira de se donner des critères pour voir si une valeur est effectivement assumée ou encore si elle oscille entre la préférence et la référence. Selon plusieurs auteurs[3] qui ont écrit sur le processus de la clarification des valeurs, il existe au moins huit critères qui permettent à l'individu d'identifier si une valeur est assumée par lui dans sa quotidienneté.

HUIT CRITÈRES POUR IDENTIFIER UNE VALEUR COMPLÈTE

1. Elle est un choix pour l'individu.
2. L'individu a une connaissance des conséquences du choix de cette valeur.
3. Elle est observable dans les gestes quotidiens.
4. Elle donne un sens, une direction à son existence.
5. L'individu y est attaché.
6. L'individu l'affirme publiquement.
7. L'individu s'implique publiquement dans des activités qui en font la promotion.
8. Pour l'individu, il y a une forte interaction entre sa vie personnelle et professionnelle.

Ces huit indicateurs ou critères pour identifier une valeur complète pour un individu méritent quelques explications supplémentaires. Cela nous permettra de mieux cerner les analyses subséquentes que je proposerai au lecteur dans les prochains chapitres. En effet, plusieurs de ceux-ci seront orientés vers la proposition d'outils et de démarches permettant à l'individu de s'analyser personnellement. Cette analyse sera possible dans la mesure où l'on aura un cadre de travail. Les huit critères pour une valeur complète feront partie de ce cadre d'analyse. Ils seront même un pivot important dans la démarche proposée dans cet ouvrage. Ce ne sera évidemment pas le pivot unique, mais il aura une large place dans les outils de travail.

Examen sommaire des huit critères pour une valeur complète

L'individu a pu examiner diverses possibilités et faire un choix entre celles-ci. Durant cette période de choix, il s'est interrogé sur plusieurs facettes de son existence. Entre autres, il a été sensible à ses expériences antérieures et il les a acceptées même si elles ont pu avoir un effet négatif sur sa croissance. Il a fait un retour et il a tenté de voir ce qui se dégage de ses expériences. Pour faire ce choix, il a également examiné ses réactions par rapport à la société dans laquelle il vit. Y a-t-il compatibilité entre mes agirs et ceux qui me sont demandés par la société ? S'il y a compatibilité, quelles sont mes réactions ? Sinon, quelles sont-elles ? Suis-je tendu dans cette situation ? Est-ce diamétralement opposé (mes agirs et ceux demandés par la société) ?

Choisir est également lié à notre capacité d'examiner les conséquences de nos gestes. Cette dimension est fondamentale. Il s'agit en fait de mieux cerner l'impact qu'aura tel choix et ce, dans notre propre croissance et dans nos relations avec les autres. Un choix clair entraîne des conséquences. La connaissance de celles-ci est, à mon sens, aussi importante que le fait de choisir d'une façon judicieuse ses valeurs personnelles.

Une valeur peut également être complète dans la mesure où l'on peut l'observer dans les gestes quotidiens. C'est une dimension importante lorsque l'on regarde la valeur sous l'angle de ce qui est assumé dans notre vécu. Le geste quotidien est l'élément le plus vital de notre croissance. Il nous définit et il est ce qui est le plus critiquable par nos pairs. Être attentif à nos gestes quotidiens est fondamental dans un processus de clarification de nos valeurs personnelles. Il ne s'agit pas de ne plus agir, mais d'être sensible à ce que cachent nos gestes et à la cohérence qui s'en dégage. Si telle valeur est fondamentale pour nous, il est indéniable qu'elle oriente une partie sinon l'ensemble de notre quotidienneté. Dans cette perspective, il est avantageux de revenir régulièrement sur notre quotidienneté et d'analyser les faits observés. Cette analyse ne se fait pas en isolant les faits mais bien en les confrontant les uns par rapport aux autres afin d'en dégager les fils conducteurs. C'est une des façons à privilégier pour déterminer si telle valeur est une référence pour nous et ce, à travers des gestes simples et quotidiens. Si une valeur complète est observable dans les gestes quotidiens, elle est également observable en examinant les décisions que nous prenons tant dans la quotidienneté qu'à des moments importants de notre vie. J'ai souvent proposé cette analyse à des groupes et elle s'avère très riche. Je reviendrai sur ce type d'analyse dans le troisième chapitre. C'est dans cette perspective que s'ajoute le critère suivant: une valeur donne un sens, une direction à l'existence. Si l'on accepte qu'une valeur soit un cadre de référence pour la conduite de sa vie, il va de soi que notre quotidienneté en soit inspirée.

Les critères suivants sont intimement liés, tout comme les quatre premiers. Il s'agit de l'attachement, de l'affirmation et de l'implication. Ces trois critères sont en étroite relation avec le milieu dans lequel nous vivons. L'attachement implique que la valeur ait une certaine emprise sur nous. Je ne suis pas prêt à changer à la première pression extérieure. L'affirmation nécessite que je sois prêt à afficher ma valeur publiquement tant par mes gestes que par mes prises de position. Je peux également aller plus loin, c'est-à-dire vouloir faire la promotion de cette valeur comme militant de diverses activités publiques. Cette interaction avec les pairs peut permettre de diffuser cette valeur dans la société et également me permettre de la raffermir pour moi-même. Souvent, le fait d'avoir à défendre une valeur dans des activités de promotion permet à la personne de tester ses convictions et surtout les limites de celles-ci.

Le dernier critère est, quant à lui, lié à la cohérence de notre vie personnelle et de notre vie professionnelle (la notion de travail). Il s'agit d'examiner si la même valeur sous-tend ces temps différents de notre quotidienneté. Encore aujourd'hui, plusieurs dissocient la vie personnelle de la vie professionnelle (rémunérée ou non). Une illustration de cette situation nous est souvent servie par des enseignants. Combien de fois disent-ils à leurs étudiants que lorsqu'ils ferment la porte de leur classe ils sont autres ! Ils laissent alors leur vie personnelle pour prendre l'image de l'enseignant. Dans beaucoup de milieux, on organise des activités extérieures à la classe (sports, excursions, etc.) pour permettre aux étudiants de connaître leurs enseignants sous un autre angle. On nous cache à peine qu'alors ils seront vus sous leur vrai jour, avec leurs vraies valeurs et leur vraie personnalité. Ce huitième critère est indispensable compte tenu que, règle générale, l'on distingue encore beaucoup ces deux dimensions. Souvent, la distinction est liée à la notion de temps. Dans notre vie personnelle, le temps nous appartient davantage, alors que dans la vie professionnelle (surtout celle qui est rémunérée), il nous appartient moins. Il est alors lié à la notion de travail et trop souvent il semble que l'individu sent qu'il a peu d'emprise sur celui-ci.

Une valeur ou des valeurs

Un individu peut avoir à travers ses préférences (aspirations) un ensemble assez grand de valeurs. La même personne peut préférer plusieurs valeurs sans pour autant que celles-ci soient des références. Il est facilement observable qu'une personne a un plus grand nombre de valeurs partielles que de valeurs complètes. En fait, les valeurs complètes sont en nombre très restreint parce qu'elles sont exigeantes et engageantes. Seules quelques valeurs complètes nous servent de références dans notre vécu. Par contre, on observe également que des valeurs partielles peuvent devenir progressivement des valeurs complètes par une démarche appropriée d'apprentissage.

Le nombre de valeurs complètes qui guident un individu est en fait peu important. Ce qui l'est, c'est que celles-ci soient signifiantes pour la personne et qu'elles soient une source de croissance. Par contre, l'analyse tant de ses valeurs complètes que de ses valeurs partielles peut l'amener à une plus grande conscience de son vécu et, par conséquent, le placer dans une position où il peut prendre des décisions plus éclairées sur sa vie personnelle.

De plus, il convient de noter que, dans notre vie, les valeurs/préférences et les valeurs/références s'entremêlent à la manière d'un mouvement discontinu. Il serait facile de prétendre qu'il s'agit tout simplement de faire une classification en deux catégories (par exemple les valeurs complètes et les valeurs partielles). La vie et ce qui la sous-tend est beaucoup plus complexe. Il s'agit en fait d'un mouvement qui va régulièrement de l'équilibre au déséquilibre. C'est cette tension qui est source de croissance dans la mesure où nous avons une certaine emprise sur celle-ci. Nos valeurs, si complètes soient-elles, sont confrontées sans cesse à nos expériences antécédentes et à la juxtaposition de nouvelles expériences qui ne sont pas nécessairement de même nature. De plus, il existe des contradictions entre nos valeurs partielles et nos valeurs complètes. Ces contradictions peuvent amener de nouvelles tensions qui nous poussent à interpeller nos valeurs et à nous engager dans un processus constant de création de valeurs. Je pense que l'objectif ultime est d'arriver à un équilibre, mais celui-ci est pratiquement inaccessible. C'est là une contradiction fondamentale pour un individu qui se centre sur sa croissance et qui, surtout, veut maximiser ses potentialités personnelles. Nous ne vivons pas dans une ambiance aseptisée. Nous pouvons cependant développer une habileté à mieux comprendre ces jeux d'influence et à être capable de saisir les occasions de croissance. Il s'agit en fait de se connaître, d'estimer le sens à donner à sa vie et d'être critique par rapport aux sources d'influence diversifiées qui peuvent être soit équilibrantes, soit déséquilibrantes.

Nos expériences nouvelles ont avantage à être analysées à la lumière de nos valeurs complètes ou partielles. Elles peuvent provoquer en nous des transformations ou des consolidations profondes. Une expérience nouvelle entraîne habituellement un questionnement qui a le mérite de nous provoquer et de secouer nos certitudes. Dans le domaine des valeurs, je pense qu'il y a peu de certitudes, voire d'absolu. Les valeurs laissent place à la fois aux certitudes et aux incertitudes. La juxtaposition de nos expériences antécédentes et de nos nouvelles expériences provoque une tension entre la foi et le doute [4]. Les expériences ne sont jamais similaires ou identiques. Elles ouvrent de nouvelles avenues à notre vie intérieure. Une expérience en soi est une dimension nouvelle de la vie. Elle est un risque en soi. Elle est, d'une façon plus ou moins grande, un état de déséquilibre, de doute, d'incertitude. Cette expérience nouvelle peut être soit provoquée, soit imprévue. Elle peut apparaître d'une façon brusque dans notre vie. Dans tous les cas, elle a le mérite de nous questionner et de nous remettre dans une situation d'apprentissage. L'expérience nouvelle entretient la dynamique de la croissance. Elle favorise la création de valeurs complètes même si cela crée des moments temporairement difficiles.

Une autre dynamique s'installe dans le processus de création des valeurs complètes. C'est le phénomène de l'interférence. Une valeur complète trouve souvent sa limite dans une autre valeur. Le cas suivant tente d'illustrer ce phéomène. Il s'agit en fait d'une personne qui est consciente d'assumer son ouverture à toute nouvelle expérience qui lui permet de se développer au maximum.

Par contre, cette personne a un sens profond de la responsabilité envers les autres. Dans ses expériences, elle vit tout ce qui est possible et tout ce qu'elle juge positif. Sa limite se retrouve dans une autre valeur : la responsabilité. Elle n'accepte pas que cela puisse faire du tort aux autres ou les bousculer. Elle limite ses expériences nouvelles dans cette perspective. Elle est prête à les ralentir pour sauvegarder une autre valeur fondamentale pour elle. Elle va à la limite de ce que lui permettent ses deux valeurs. Il n'est pas dit que la situation est permanente. Elle est temporaire si elle accepte de communiquer régulièrement sur l'évolution de la situation avec ses pairs. Sa croissance ne dépend pas uniquement d'elle. Elle est en interaction avec les autres et elle ne veut pas s'isoler. Par conséquent, elle accepte volontairement de ralentir non pas sa croissance mais le rythme de celle-ci. Il peut s'agir là d'un signe de maturité personnelle et d'un degré élevé de conscience de ses valeurs complètes. L'interférence devient alors un élément positif pour préserver ce qui nous semble important.

Dans le tableau I, il serait intéressant, en superposant certaines valeurs, de voir comment elles interfèrent les unes par rapport aux autres. Ce premier tableau donne

TABLEAU I

Une liste de valeurs souvent mentionnées

La compétition	L'individualisme	La rivalité
La liberté	La dépendance	L'excellence
Le respect de l'autorité	L'amitié	L'amour
La famille	Le respect de soi	L'altruisme
Le sens du devoir	L'individualité	La soumission
L'égalité des droits	Le partage	La solidarité
Le sens des autres	L'épanouissement	La démocratie
L'harmonie	L'autoritarisme	La sécurité
L'avoir	L'indépendance	L'autonomie
Le respect de la discipline	L'ordre	Le travail
La responsabilité	L'ouverture à soi	La justice
La tolérance	L'effort	Le conformisme

tout simplement une liste de certaines valeurs contemporaines. Elles sont présentées sans ordre et elles sont pour le moment d'une égale importance. C'est une liste et elle peut être sujette à diverses interprétations.

Dans le tableau présenté, il convient de noter un premier problème lorsqu'il s'agit de nommer des valeurs. C'est le problème de la terminologie. Il peut être facile de s'enfermer dans des questions de vocabulaire et de définition. À mon sens, il est important de s'entendre sur le sens que l'on donne à ces termes. Je conseille régulièrement à des groupes de retenir, dans la mesure du possible, le sens propre de ces mots. Il est avantageux, lorsque cela s'avère nécessaire, de se servir d'un outil comme le dictionnaire pour éviter de longues discussions souvent inutiles qui risquent de tourner à des justifications qui nous éloignent de la réalité.

La lecture de ce tableau peut vous apporter plusieurs réflexions et plusieurs constatations et ce, à plusieurs niveaux :

— la compatibilité de certaines valeurs ;

— les nuances entre certaines d'entre elles ;

— la façon de transposer dans des gestes concrets certaines de ces valeurs ;

— la possibilité de vivre dans le quotidien certaines de ces valeurs ;

— votre adhésion plus ou moins profonde à certaines de ces valeurs ;

— les valeurs qui sont dominantes dans la société actuelle ;

— la possibilité de vous analyser par rapport à ces quelques valeurs.

Autant d'éléments que je souhaite approfondir avec vous dans la suite de cet ouvrage.

Les sources d'une valeur

Le propos de cette partie n'est pas d'analyser les sources d'une valeur dans une société donnée. Il est d'un autre niveau. Il s'agit de tenter de dégager les sources d'une valeur chez l'individu. En d'autres mots, je voudrais que l'on commence à s'interroger sur la provenance d'une valeur complète chez un individu. On sait que la valeur complète émerge chez la personne progressivement, qu'elle se développe au fur et à mesure des expériences personnelles et qu'elle se maintient dans la mesure où elle demeure signifiante pour celle-ci. Par contre, la (ou les) source(s) profonde(s) d'une valeur complète semble(nt) plus complexe(s) et plus obscure(s). Il est même difficile de cerner des invariants pour l'ensemble des individus d'une collectivité. On s'étonne toujours de voir des gens ayant reçu une éducation semblable devenir des adultes vivant des valeurs souvent très différentes. Qu'est-ce qui fait que les valeurs se créent d'une façon si personnalisée et si individualisée? Qu'est-ce qui fait que cette personne se moule plus rapidement et plus facilement à des modèles extérieurs, alors que d'autres y résistent et continuent à affirmer leur désir d'être en harmonie avec leur modèle intérieur?

Autant de questions difficiles à répondre d'une manière absolue et généralisable. Je voudrais ici vous livrer certaines intuitions et également vous signaler certaines études qui ont été faites sur le sujet. Ces propos ne sont pas exhaustifs mais ils tentent d'éclairer un peu ce phénomène. Je voudrais également permettre au lecteur de s'analyser en fonction des quelques indices que je vais explorer. Il aurait avantage à enrichir mes propos de ses propres expériences et de ses propres intuitions. Ce serait là une manière d'entrer en contact direct avec le thème de cet ouvrage, c'est-à-dire l'analyse de ses valeurs personnelles et ce, à travers une grille que je vous propose.

Une influence ou des influences

La guerre houleuse de ces dernières années entre les généticiens et les environnementalistes pose de très sérieuses questions[5]. Pour les premiers, l'influence du milieu sur le développement d'un individu est très minime parce que la génétique de celui-ci a pratiquement tout déterminé dès le départ. Notre organisation intellectuelle, qui entraîne notre façon de penser et notre façon d'apprendre, est déterminée par la structure tant de notre cerveau que de ses incidences sur notre personnalité. Les généticiens nous proposent donc une interprétation qui repose sur un principe profondément biologique. Pour leur part, les environnementalistes voient le développement des individus avec une tout autre grille. En effet, ils prétendent que l'environnement joue un rôle dominant dans la construction d'une personnalité et dans son style d'organisation intellectuelle. L'influence du milieu et sa richesse éducative potentielle ont pour conséquence le fait que les individus apprennent d'une manière différente et qu'ils se différencient à cause de la qualité de cet environnement. Un environnement riche permettra à l'individu de développer d'une façon optimale sa personnalité et ses structures mentales. Les environnementalistes ne nient pas l'apport génétique, mais ils y voient une faible influence sur le développement de la manière de penser d'un individu et sur sa conduite.

Ces différences sont fondamentales puisqu'elles entraînent une vision très différente de l'éducation dans le développement de notre pensée et de notre agir. Il ne faut pas oublier qu'une valeur ou qu'un système de valeurs donne un sens à notre agir, mais qu'il reflète également une façon de penser, une façon d'entrer en relation avec les idéologies du monde. Nos valeurs nous montrent ce qui est pour nous acceptable ou encore tolérable.

Edgar Morin (1980, p. 135) croit pour sa part qu'il s'agit d'une pensée très simplificatrice qui veut séparer de telle façon la source du développement de l'être humain[6].

> La pensée simplificatrice croit pouvoir mesurer la part du gène et la part de l'environnement dans l'être vivant : pangénétiste, elle revendique le cent pour cent des gènes ; éclectique, elle accorde le fifty-fifty. Mais on ne peut doser la part de ces deux types de détermination qui à la fois s'opposent, se complètent, se combinent.

Les généticiens ont posé avec beaucoup d'acuité tout le problème de l'acquis et de l'inné. Par contre, ils ont tenté de démontrer par leurs recherches que le gène « capitalise, détermine, commande, contrôle ».

> Cette vision, qui semble se dégager avec évidence de la biologie cellulaire, a pu être généralisée à tout être vivant, y compris homo. Dès lors, il apparaît que les traits singuliers d'un individu résultent de la singularité de la combinaison génétique dont il est porteur. Il devient de plus en plus soutenable que nos caractères non seulement anatomiques, mais psychologiques ou intellectuels, dépendent de notre héritage génétique. Notre aptitude à jouir, aimer, souffrir, rire, nos neurasthénies et nos tristesses peuvent sembler génétiquement conditionnées. Dès lors, sur les ruines d'un empire du Milieu qui croyait tout expliquer par les déterminismes ou influences extérieures, se déploie un omnipotent empire des Gènes.

Un être humain est un phénomène complexe et il apparaît nécessaire de trouver des explications qui tiennent compte de cette complexité. Il m'apparaît plus utile de la respecter dans nos analyses que de chercher à trouver ce qui domine : le gène, le milieu ou quoi que ce soit d'autre.

Je préfère analyser le problème des sources des valeurs à travers cette complexité qui est la base même de la vie humaine. Cela nous évite de tomber dans le piège des généralisations rapides et abusives. Il s'agit en fait d'examiner les jeux d'influences possibles sans chercher à arriver à une pondération chiffrée. La figure 1 nous permet de visualiser ce qui sera développé dans les pages qui suivent.

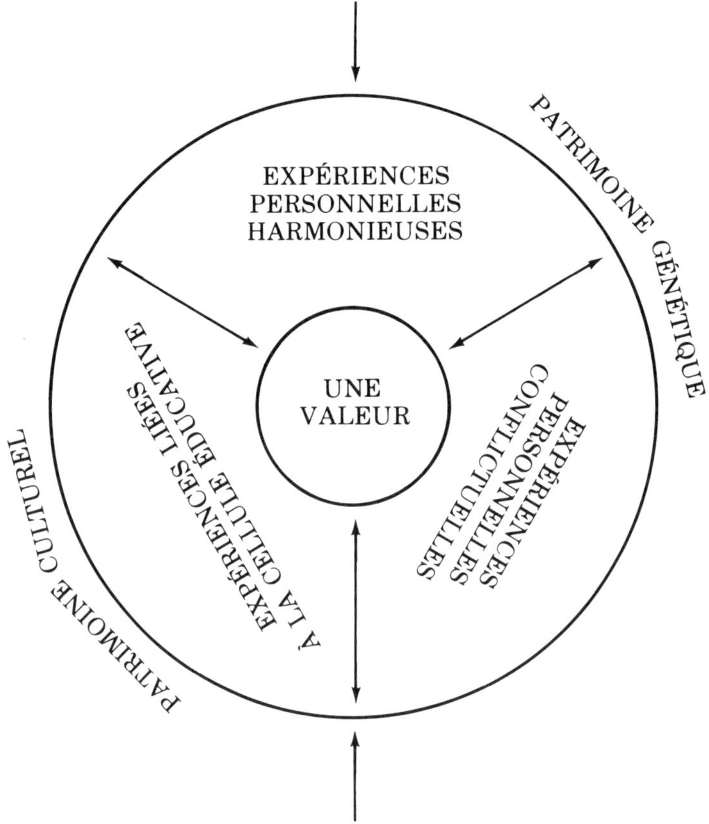

Fig. 1 Les sources possibles d'une valeur.

Les influences du patrimoine génétique

Les recherches sur la biologie cellulaire ont démontré que les gènes peuvent influencer grandement nos structures mentales et, par voie de conséquence, notre manière de penser et d'organiser les informations que nous produisons et celles que notre organisme reçoit. De plus, les récentes recherches sur les fonctions des deux hémisphères du cerveau tentent également de démontrer que chacun a des fonctions bien précises et différenciées. De plus, ces travaux nous montrent qu'il existe des différences marquées entre les individus quant à l'utilisation et à l'optimalisation de leurs capacités mentales.

Les valeurs rejoignent la capacité de penser et d'agir. Dans cette perspective, il serait illogique de nier l'existence d'une part héréditaire dans le processus de la création des valeurs.

Les influences du patrimoine culturel

Dans un récent essai sur son œuvre[7], Marcel Rioux nous parle des influences du patrimoine culturel dans le développement de l'individu et, entre autres, dans son propre développement :

> Celui qui dit non à son milieu, aux valeurs de son milieu, doit s'exiler physiquement ou intellectuellement. (*Entre l'utopie et la raison*, p. 89)

Dès notre naissance, nous nous trouvons dans un milieu culturel qui a ses propres normes, ses propres mythes, ses propres valeurs. Celles-ci font partie de notre environnement culturel et elles sont partie prenante de nos relations avec le monde extérieur. Elles peuvent modeler notre façon de penser et elles ont souvent une influence prépondérante dans le règlement de notre conduite dans les activités quotidiennes. Très jeunes, nous sommes mis en présence de ce patrimoine culturel et ce, à travers diverses expressions : les média, les rencontres avec les pairs, les règles sociales, les conventions, etc. Notre adhésion à cette culture dominante peut faciliter notre développement. Par contre, un refus global ou partiel peut nous amener à diverses tensions plus ou moins difficiles à vivre. Il convient de signaler que, dans tous les cas, ces situations peuvent être source de croissance pour notre personnalité même si, dans les faits de la réalité quotidienne, cela peut être difficile à intégrer.

Le patrimoine culturel nous propose des valeurs sécuritaires parce qu'elles sont bien installées et qu'elles sont souvent peu discutées par l'ensemble du milieu. Elles sont acquises et ce fait peut diminuer notre goût de la recherche, de l'interrogation et du doute.

L'apport génétique peut influencer notre goût pour la remise en question, pour l'interrogation. Notre fonctionnement intellectuel peut également être influencé par diverses expériences éducatives et personnelles qui nous ont permis d'interpeller les valeurs sécuritaires du patrimoine culturel.

Les influences de la cellule éducative[8]

Il faut entendre ici par cellule éducative les agents et les organisations qui ont eu une influence sur notre éducation et surtout sur son style et sur les valeurs sous-jacentes. La cellule éducative peut comporter entre autres : les parents, les autres enfants de notre famille, les pairs, les enseignants, les animateurs de loisirs, etc. Notre éducation s'est déroulée à travers diverses institutions sociales plus ou moins structurées : la famille, l'école, la communauté environnante, les organismes de loisirs, les organismes religieux, les organismes culturels et les média.

Notre éducation avant l'âge adulte a été déterminée par un ensemble de réseaux d'influences non coordonnés. Le jeu des influences est multiple et pas nécessairement en cohérence. Il est souvent difficile de déterminer ce qui nous a le plus marqués à travers cet ensemble d'influences. Certaines ont été déterminantes pour nous, d'autres ont eu un apport indirect dans notre développement.

La cellule éducative n'intervient pas dans notre développement d'une façon totalement égalitaire. J'entends par là que les différents niveaux n'ont pas la même qualité d'influence sur notre croissance. De plus, certains réseaux nous transforment d'une façon plus immédiate alors que d'autres ont des effets à plus long terme. Il faut également souligner que certaines institutions (par exemple, la famille) exercent une influence plus quotidienne, plus immédiate, parce qu'elles sont des structures plus institutionnalisées et davantage à proximité de l'enfant. D'autres réseaux ont une influence dite « plus sauvage » parce qu'ils sont sporadiques (par exemple, les organismes de loisirs, les organismes culturels, les média tels que la télévision).

La cellule éducative nous propose des modèles de valeurs qui ne sont pas nécessairement en cohérence les uns par rapport aux autres.

Souvent, les valeurs proposées ou imposées sont issues du patrimoine culturel. Par contre, certaines valeurs dites innovatrices peuvent être proposées ou vécues dans un ou plusieurs des éléments de la cellule éducative. Dans ce cas, l'enfant se retrouve dans une situation où il doit faire des distinctions à la lumière de ses capacités. Cette démarche l'amène progressivement à faire ses propres choix. Il est souvent alors confronté à différents schèmes et le jeu des pressions influence sa croissance. Il devient alors une personne qui commence progressivement à faire des choix. Ceux-ci se concrétiseront à travers les diverses phases du développement de sa personnalité.

À l'âge adulte, il nous arrive régulièrement d'expliquer certaines de nos conduites à travers ces influences issues de notre cellule éducative. Elles ont une importance prépondérante dans les analyses que les adultes font de leur activité quotidienne et prouvent souvent que les principaux problèmes personnels que nous vivons sont liés à des faits marquants qui nous ont été transmis par notre cellule éducative. Même si nous sommes en mesure de faire des choix personnels de valeurs, il n'en reste pas moins que les valeurs issues de notre cellule éducative continuent à nous questionner, à nous interpeller. Elles refont surface régulièrement même si nos choix actuels sont d'un tout autre ordre. On ne peut ignorer ces influences lorsque nous analysons nos valeurs actuelles, même pour ceux qui croient les avoir définitivement rejetées. Pour ceux qui ont continué d'y adhérer, il n'en demeure pas moins qu'un questionnement s'impose. En effet, nous remarquons fréquemment que ces personnes ne connaissent souvent pas l'impact de ces valeurs sur leur quotidienneté tellement il va de soi de les vivre. Tout a toujours fonctionné de cette manière, alors pourquoi s'interroger. Il convient alors de se poser certaines questions:

Est-ce que le système de valeurs qui me régit est conscient?

Est-ce que je connais les conséquences de ces valeurs sur le développement de ma croissance personnelle?

Ne serait-il pas préférable que le tout procède de mes choix personnels?

En quoi cela serait-il plus satisfaisant?

L'âge adulte amène fréquemment l'émergence de toute une nouvelle série d'expériences. Nous nous retrouvons davantage dans un processus de prise en charge et trop souvent nous pouvons difficilement vivre ce processus à cause de l'éducation reçue. La prise en charge est une opération difficile et notre cellule éducative peut ne pas nous avoir permis de faire les apprentissages nécessaires à cette prise en charge. De plus, il est important de noter que plusieurs milieux dits «éducatifs» ne font pas de l'autonomie et de la prise en charge des valeurs importantes à développer chez l'enfant et l'adolescent. Dans la vie quotidienne adulte, nous nous retrouvons seuls face à cette dimension. Souvent notre famille et nos enseignants à l'école ont davantage privilégié la dépendance et, par conséquent, nous nous retrouvons désarmés face à cette dimension de la vie.

Les valeurs véhiculées par la cellule éducative ne nous préparent pas nécessairement à vivre notre prise en charge. De plus, elles ne nous entraînent pas nécessairement à avoir une attitude critique face aux nouvelles expériences de vie et aux tensions qu'elles peuvent engendrer.

Les influences liées à nos expériences personnelles harmonieuses

Nous entrons ici dans les influences qui sont liées davantage à notre propre personne et qui dépendent de notre vécu immédiat. En premier lieu, je voudrais mentionner les influences de nos diverses expériences personnelles que l'on pourrait qualifier d'harmonieuses. Cette catégorie d'expériences peut avoir certaines caractéristiques bien identifiables :

— elles s'insèrent sans tension dans notre croissance ;

— elles permettent de vivre de nouvelles valeurs mais sans bousculer notre cheminement ;

— elles sont nouvelles en ce sens qu'elles se traduisent par un apport nouveau dans notre cheminement ;

— elles sont faciles d'appropriation parce que bien acceptées.

Ces expériences peuvent être spontanées ou encore planifiées. En étant spontanées, elles nous attirent parce qu'elles sont signifiantes pour nous et qu'elles sont présentées en temps opportun. En étant planifiées, elles procèdent pour nous d'un désir profond et elles font appel à des valeurs que nous jugeons importantes pour notre cheminement. Qu'elles soient planifiées ou spontanées, il n'en demeure pas moins qu'elles se déroulent sans faire rupture dans nos acquis et qu'elles s'intègrent d'une façon harmonieuse. Ces expériences nous aident à consolider nos valeurs et elles contribuent progressivement à faire naître de nouvelles valeurs personnelles. Elles sont riches parce qu'elles nous permettent de nous dépasser et de cheminer sans cesse pour consolider nos valeurs et, par voie de conséquence, nous permettre de vivre notre activité quotidienne dans de nouvelles perspectives et ce, dans le respect de la dynamique propre à la vie humaine.

Les influences liées à nos expériences personnelles conflictuelles

Nos valeurs se construisent également à travers une série d'expériences personnelles qui sont d'un tout autre ordre. Il s'agit des expériences qui ont des effets conflictuels sur notre croissance. Ces expériences sont riches dans notre croissance, mais elles sont difficiles à intégrer.

L'appropriation est plus longue et elle nécessite davantage d'effort d'analyse de notre part. Elles sont conflictuelles en ce sens qu'elles viennent provoquer une rupture dans notre cheminement et qu'elles nous posent des questions nouvelles tant sur notre manière de penser que sur notre conduite. Elles brusquent notre cheminement et elles entraînent des remises en question plus fondamentales. Elles interpellent directement notre sécurité psychologique et elles nous proposent de nouvelles avenues. Elles nécessitent souvent des temps de réflexion profonde et elles favorisent une attitude introspective. Elles nous déséquilibrent tant que nous n'avons pas réussi à en comprendre le sens profond et à les intégrer d'une manière significative dans notre cheminement.

Ces expériences peuvent, tout comme les précédentes, être spontanées et planifiées. Elles peuvent être issues du même désir profond que celles qui ont des effets harmonieux. C'est à les vivre qu'elles deviennent conflictuelles. Elles sont vécues mais elles sont moins recevables à cause des valeurs innovatrices qu'elles véhiculent. L'aspect innovation tient au fait qu'elles viennent bousculer notre propre tradition, c'est-à-dire les valeurs qui nous légitiment à un moment donné. La recevabilité d'une nouvelle valeur dans notre cheminement est d'une extrême importance. Le temps opportun est un autre élément déterminant.

La naissance de notre logique privée

Les valeurs trouvent leurs sources dans l'interaction d'au moins cinq éléments fondamentaux : le patrimoine génétique de l'individu, le patrimoine culturel, les expériences liées à la cellule éducative et, finalement, les expériences de vie tant harmonieuses que conflictuelles. Cette interaction est dominante lorsqu'on analyse nos valeurs et la façon dont elles naissent. La construction de celles-ci se fait donc progressivement par un processus alternatif d'équilibre et de déséquilibre. C'est un processus dynamique qui est intimement lié à notre processus de croissance personnelle.

La source d'une valeur n'est pas unique. Cette source trouve son explication par une analyse serrée des liens qui unissent plusieurs facteurs. Ceux-ci se situent à différents niveaux et certains sont indépendants de l'individu. Pour d'autres (par exemple, les expériences personnelles), l'emprise de l'individu est beaucoup plus forte. Il est davantage maître des situations même si elles sont difficiles à intégrer.

Progressivement, nous développons ce que je pourrais appeler notre logique privée. Il s'agit ici de notre manière personnalisée de penser qui se définit conformément ou non aux normes, aux valeurs, aux règles de la logique publique ou collective (c'est-à-dire ce qui est généralement acceptable dans la société dans laquelle nous vivons). La logique privée découle, est la résultante de l'interaction de nos diverses valeurs traduites dans une gestuelle. Elle est différente de la logique publique ou collective en ce sens que celle-ci se définit au-dessus de l'individu parce qu'elle traduit la manière de penser, de raisonner et d'agir dans une collectivité donnée. Notre logique privée peut être en adéquation avec la logique publique. Par contre, il peut y avoir de la distorsion, voire une opposition radicale entre les deux. Notre logique privée nous définit et la connaissance de celle-ci nous amène à mieux nous connaître et à mieux anticiper nos gestes futurs. Elle s'installe progressivement et elle traduit ce qu'il y a de plus profond en nous, c'est-à-dire ce qui nous anime, ce qui nous fait agir, ce qui nous permet de décider des diverses orientations de notre vie. Il ne faut cependant pas oublier que notre logique privée ne peut pas faire abstraction de la logique publique, mais elle peut la replacer dans sa juste perspective.

Notre logique privée détermine, nomme ce qui est important pour nous et elle replace les valeurs selon l'importance que nous leur attribuons. Elle nous permet de cerner les valeurs fondamentales et elle nous permet d'expliquer tant nos préférences que nos références. Dans cette perspective, la logique privée nous permet de définir ce qui a de la valeur pour nous. Une valeur est, dans ce sens, valable pour nous dans la mesure où elle

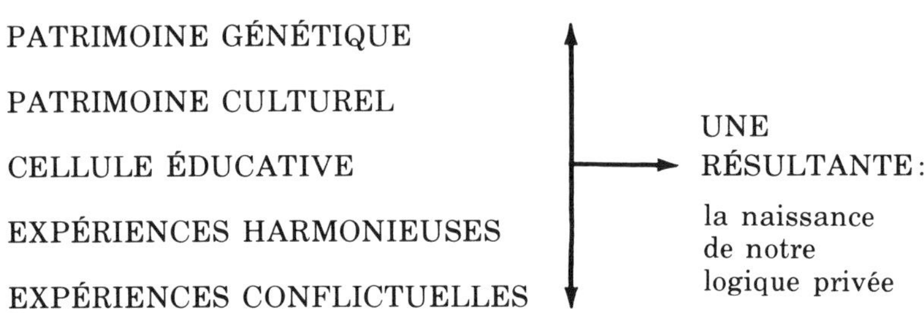

Fig. 2 Les sources des valeurs et la logique privée.

s'intègre bien à notre logique privée. À partir de là, il n'existe pas de «bonnes valeurs» ou de «mauvaises valeurs». Une valeur a de la valeur pour l'individu parce qu'elle lui permet de se comprendre tant dans ses agirs que dans ses aspirations. Il est cependant possible qu'il y ait confrontation de diverses logiques privées différentes. La valeur d'une valeur peut s'étudier dans cette optique. Cela nous évite des absolus et la catégorisation entre les individus: ceux qui sont corrects par rapport à ceux qui n'ont pas les valeurs désirées.

L'examen des valeurs par ce biais nous évite également de porter des jugements sur les autres. En fait, il s'agit de prendre les valeurs pour ce qu'elles sont, c'est-à-dire des références déterminantes pour la conduite d'une vie. Par cette définition, nous pouvons entreprendre une analyse plus en profondeur sur le rôle et l'importance des valeurs dans notre quotidienneté.

NOTES

1. En ce qui concerne cette « crise des valeurs », il serait intéressant de lire l'essai de Jean-Guy DUBUC publié en 1980. Dans un langage simple et aéré, l'auteur tente de discerner, dans cette ébullition des valeurs, ce qui est effectivement remis en question. Il présente des prises de position et des questionnements qui cherchent à approfondir cette démarche de clarification des valeurs. Le mérite de son ouvrage vient en bonne partie de deux faits : il ne prend pas pour acquis cette crise et également il ne présente pas ses analyses d'une façon démagogique. Il nuance et il illustre ses propos avec clarté.
   DUBUC, Jean-Guy (1980). *Nos valeurs en ébullition*, Montréal, Éditions Leméac.

2. La distinction qui est ici présentée entre la préférence et la référence peut être explicitée davantage en consultant les deux ouvrages suivants :
   GRAND'MAISON, Jacques (1977). *Une société en quête d'éthique*, Montréal, Éditions Fides.
   PAQUETTE, Claude (1979). *Le projet éducatif*, Victoriaville, Les Éditions NHP.

3. La présentation de ces huit critères est inspirée des travaux de RATHS et de Maury SMITH.
   SMITH, Maury (1977). *A Practical Guide to Value Clarification*, University Associates Press.

4. Le sociologue Edgar MORIN vient de publier un excellent ouvrage, qui tente de faire le bilan idéologique du XXe siècle. De plus, l'auteur tente de tracer des avenues pour la fin de ce siècle. Entre autres, il tente de démontrer l'urgence de se centrer à la fois sur le principe de l'incertitude et sur celui de la certitude qui a été le principe dominant de ce siècle basé sur le rationnalisme. Il développe une démarche basée sur la tension dialectique entre la foi et le doute.
   MORIN, Edgar (1981). *Pour sortir du XXe siècle*, Paris, Éditions Fernand Nathan.

5. La revue *Psychologie* (mars, 1978 ; février, 1979) a fait mention à plusieurs reprises de ce débat houleux entre les généticiens et les environnementalistes. Deux ouvrages parus aux Éditions du Seuil et écrits par Albert JACQUARD sont importants dans ce débat :
   (1978), *Éloge de la différence.*
   (1982), *Au péril de la science (Interrogations d'un généticien).*

6. MORIN, Edgar (1980). *La méthode, tome 2 : La vie de la vie*, Paris, Le Seuil.

7. DUCHASTEL, Jules (1981). *Entre l'utopie et la raison*, Montréal, Éditions Nouvelle Optique.
8. Deux ouvrages sont à consulter pour approfondir cette dimension de la cellule éducative dans le processus d'influence.
   CHAMPAGNE-GILBERT, Maurice (1980). *La famille et l'homme à délivrer du pouvoir*, Montréal, Éditions Leméac.
   PAQUETTE, Claude (1982). *Entre éducateur. S'analyser pour intervenir avec cohérence*, Montréal, Éditions Québec/Amérique.

CHAPITRE DEUXIÈME

LES VALEURS DANS NOTRE QUOTIDIENNETÉ

LES VALEURS DANS NOTRE QUOTIDIENNETÉ

La valeur de notre quotidienneté

J'ai déjà mentionné l'importance de l'analyse de la quotidienneté dans le repérage de nos valeurs/références. Un mouvement dialectique s'installe à travers nos gestes quotidiens. Celui-ci est plus ou moins évident. Il dépend à la fois de l'intensité de notre vécu et des interférences qui se produisent à travers celui-ci. Nos valeurs tracent notre quotidienneté. Celle-ci, à son tour, bouscule, confirme ou transforme progressivement notre logique privée. Notre vécu quotidien est à la fois influencé par notre logique privée et par la logique publique. Cet amalgame définit la qualité de nos gestes et de notre vécu. Il définit également nos zones de satisfaction et d'insatisfaction. Ces deux zones sont nécessaires dans l'analyse de nos valeurs. Elles ne sont cependant pas les seules qu'il nous faut examiner. Il y a également les zones d'ambiguïté et d'incertitude. Ces quatre zones sont en interdépendance et leur importance est plus ou moins grande à certaines époques de notre vie. Dans le chapitre troisième, je reviendrai sur ces zones. Elles nous permettront d'éclairer l'auto-analyse de notre vécu quotidien.

La quotidienneté est faite de plusieurs dimensions. En premier lieu, il y a la routine. Ici, il ne faut pas lui donner un sens péjoratif comme celui de l'ennui. Il s'agit beaucoup plus de gestes familiers que nous posons régulièrement à travers nos activités. Il s'agit des gestes qu'il nous faut poser pratiquement à chaque jour et qui sont facilement identifiables d'une journée à l'autre à cause de leur caractère répétitif. Certains de ces gestes sont liés à des besoins physiologiques (se nourrir, dormir, se vêtir, etc.) ; d'autres sont liés à nos activités de travail (se déplacer, rencontrer des collègues, produire, etc.) ; d'autres peuvent être liés à des activités de loisir (participer à un club quelconque, rencontrer des amis, regarder la télévision, lire, aménager son environnement, etc.). Une bonne partie de notre quotidienneté est faite de cette routine et nous mettons plus ou moins d'importance dans ces différents gestes. Il n'en demeure pas moins que ces gestes occupent une place importante dans notre utilisation du temps.

Notre quotidienneté est également composée de nouvelles expériences que nous sommes appelés à vivre. Celles-ci peuvent être spontanées ou encore prévisibles. Elles sont cependant un apport nouveau dans notre vécu. Chaque jour apporte de ces nouvelles expériences mais elles ne sont pas toutes d'une égale importance et d'une égale intensité. Il en est de même pour la dimension qui touche aux nouveaux contacts, aux nouvelles relations interpersonnelles. Ceux-ci peuvent être temporaires ou encore ils peuvent devenir un élément important dans nos rapports plus étroits avec certaines autres personnes.

Une dernière dimension fait également partie de notre quotidienneté. Il s'agit des décisions que nous prenons régulièrement. Il peut s'agir des décisions qui touchent à certains éléments de notre routine ou encore des décisions plus fondamentales qui touchent l'orientation de notre vie. La prise de décision est un geste important. Il ne faut pas oublier que les gestes que nous posons pour maintenir ces décisions sont d'une importance aussi grande. Il s'agit en fait de la concrétisation quotidienne de nos prises de décision. Celles-ci se nuancent souvent lorsqu'il faut les vivre quotidiennement.

Dans la quotidienneté, il est également nécessaire de distinguer la notion du temps. Nous sommes très souvent portés à nuancer notre vécu en tenant compte de la répartition suivante : le temps qui nous appartient et celui qui nous échappe. Il est souvent nécessaire d'analyser, à travers cette quotidienneté, le temps en fonction de l'emprise que nous avons sur lui. La quotidienneté est intimement liée à notre usage du temps.

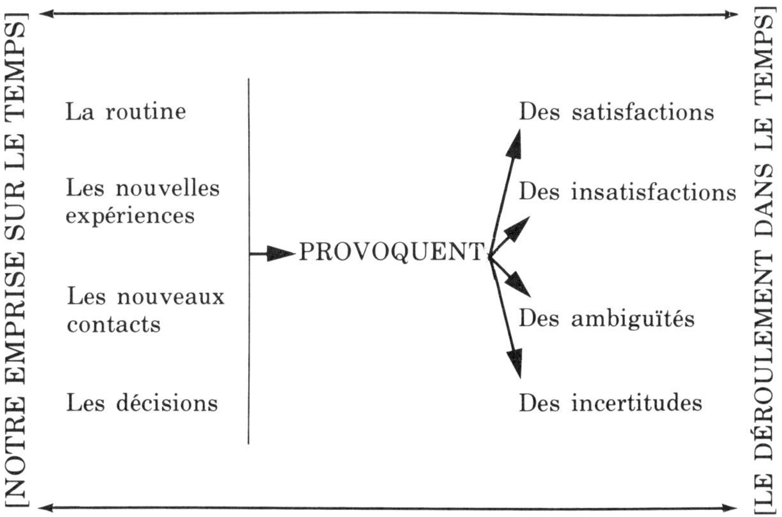

Fig. 3 La quotidienneté et ses influences.

Il est faux, à mon sens, de penser que nos valeurs se manifestent uniquement dans les temps forts de notre existence, dans les temps privilégiés. Ceux-ci sont importants mais ils doivent être analysés à la lumière de ce qu'ils transforment dans notre quotidienneté. Ils comptent parce qu'ils peuvent nous questionner fondamentalement. Il s'agira de voir comment ils deviennent de nouveaux acquis dans notre vécu quotidien et, par conséquent, comment ils modifieront notre logique privée. C'est un mouvement dynamique qui nous permet de construire à la fois notre logique privée et notre vécu personnalisé.

L'intensité de la quotidienneté et la quotidienneté de l'intensité

Notre vécu quotidien est plus ou moins intense. Cette intensité est différente à différentes époques de notre vie et elle est très dépendante des choix que nous faisons. La quotidienneté peut être intense par rapport aux apports qu'elle a sur notre croissance. Souvent, nous sommes portés à confondre l'intensité de la quotidienneté avec la somme de travail que nous abattons dans une journée. En fait, il s'agit beaucoup plus de l'importance et du sens que nous lui donnons que de la quantité. L'intensité de la quotidienneté passe par un haut degré de lucidité et par un haut degré de satisfaction. Elle est un indice de nos valeurs qui sont globales et elle nous aide à mieux cerner les valeurs partielles que nous cherchons à rendre globales. Elle est également un indice du degré d'emprise que nous avons sur le temps. L'intensité de la quotidienneté est également liée à cette façon d'envisager la vie et ses ressources. Des phrases toutes simples qui sont fréquemment prononcées par certaines personnes peuvent nous mettre sur la piste de la non-intensité de la quotidienneté :

> « J'aimerais me trouver quelque chose à faire pour passer le temps. »
>
> « Le temps sera long en vacances. »
>
> « Il faut bien faire quelque chose pour passer le temps, sinon je m'ennuie. »
>
> « Je n'aime pas aller à ces rencontres, mais cela passe le temps. »
>
> « J'aime mieux faire un long repos car le temps passe plus vite. »
>
> « J'aimerais avoir un passe-temps. »
>
> « Je m'occupe en attendant mon programme préféré. »
>
> « Viens me voir, on jasera, ça passera le temps. »

Il est curieux d'entendre ces phrases lorsque l'on pense que le temps est ce qui définit le plus l'être humain. Le temps est notre âge tant physique que psychologique. Ce sont des temps différents mais qui nous nomment. Vivons-nous intensément d'une façon sporadique ou est-ce notre souci quotidien ? Cherchons-nous à intégrer l'intensité à notre vécu de tous les jours ou cherchons-nous à privilégier des moments plus intenses à des époques plus ou moins distanciées ? C'est là encore une question de philosophie de la vie.

L'intensité est une question de degré et elle contribue à qualifier notre quotidienneté. De plus, la permanence de cette intensité est un autre élément pour mieux cerner cette quotidienneté.

Pour moi, il est nécessaire que l'analyse de nos valeurs personnelles passe par une analyse de notre quotidienneté dans ses différentes manifestations. Pour certains, ce terrain d'analyse peut sembler trop terre-à-terre. Ils aimeraient mieux discourir sur les valeurs et y pointer leurs choix. Cela peut être une démarche. Pour ma part je préfère le terrain de la quotidienneté. Nos valeurs/références y sont observables par des gestes, des paroles et des prises de décision. C'est sur le terrain de la quotidienneté que notre logique privée est confrontée tant par les autres que par le système social. C'est également sur ce terrain que notre logique privée devient dans certains cas conflictuelle avec la réalité ambiante. Elle passe son véritable test de cohérence. La quotidienneté nous indique également la profondeur et l'intensité de certaines de nos valeurs. De plus, par l'examen des zones d'incertitudes et d'ambiguïté, nous pouvons voir apparaître de nouvelles valeurs qui se construisent progressivement et qui délogent certaines autres, avec tous les heurts inhérents à un tel mouvement.

Il ne faut pas faire la sourde oreille à ce que nous révèle notre vécu de tous les jours, car il laisse des traces profondes dans notre développement. Une large part de nos insatisfactions vient souvent des gestes que nous posons régulièrement et qui ne sont pas compatibles avec notre manière de penser. Nous ne trouvons pas dans ces gestes une signification qui est en cohérence avec notre logique privée. Pour diverses raisons, nous les posons mais ils nous minent par l'intérieur. Nous nous y soumettons ou encore nous prenons des décisions qui visent à les transformer dans notre quotidienneté.

La conscience de la valeur de notre quotidienneté nous amène à mieux connaître les forces qui nous mobilisent tant de l'intérieur que de l'extérieur. L'analyse de notre quotidienneté est un révélateur important dans une démarche de clarification de nos valeurs personnelles.

Le dilemme liberté/sécurité [9]

De plus en plus d'études démontrent que l'humain de la fin du XXe siècle est régulièrement confronté à deux valeurs qui deviennent de plus en plus présentes dans nos vies : la liberté et la sécurité. Ces deux valeurs ont tendance à devenir de plus en plus dominantes et différents groupes s'y réfèrent régulièrement pour défendre à la fois certains intérêts et certaines philosophies de vie. Ces deux valeurs peuvent être des préférences, mais il semble qu'au niveau des valeurs/références, il est très difficile de les vivre simultanément. L'une défait l'autre. Il y a là un choix fondamental à faire mais combien difficile et ce, pour des raisons variées et personnelles.

Avant d'aller plus loin dans l'exploration de ce dilemme, il convient de mieux définir ces deux valeurs. Cet essai de définition des termes est extrêmement important si nous voulons éviter la confusion. De plus, les définir nous amène à les nuancer et à mieux les situer.

Le terme liberté sème beaucoup de confusion dans les discussions. Pour certains, il signifie l'anarchie, l'irrespect, l'irresponsabilité. Ils nous disent que s'il y avait trop de liberté, ce serait le chaos, la débâcle. Ils la définissent comme étant la possibilité de faire ce que l'on veut, quand on le veut et jusqu'où on le veut. Revenons au sens étroit du mot liberté : il s'agit de ne pas être sous la dépendance de quelque chose. Il peut s'agir d'une dépendance par rapport à un autre, ou encore d'une dépendance idéologique quelconque. Dans un sens plus large, la liberté est l'état de celui qui ne subit pas de contrainte, c'est le pouvoir d'agir sans contrainte. C'est également, dans un sens plus politique, agir selon sa propre détermination, selon ses propres choix. C'est vivre selon sa propre destinée et non pas selon un déterminisme extérieur. Dans ce contexte, la liberté c'est choisir et, par extension, assumer ses choix (la liberé dans cette perspective est liée à une autre valeur: la responsabilité de ses choix).

L'autre valeur que nous allons explorer est la sécurité. Ici, il nous faut prendre le terme sécurité dans un sens plus large que la sécurité physique. Dans ce sens, il s'agirait d'une absence de danger potentiel. Pour les fins de l'analyse de la valeur sécurité, il nous faut parler de sécurité morale, de sécurité psychologique et de sécurité matérielle. La sécurité est un état qui est confiant, tranquille, qui laisse peu de place au doute. La recherche de la sécurité se traduit souvent par certains évitements:

— éviter la confrontation pour ne pas bousculer sa façon de penser;
— éviter les expériences nouvelles pour ne pas être troublé psychologiquement;
— éviter la remise en question de certaines «vérités» pour ne pas avoir à prendre position;
— éviter le changement pour ne pas avoir à remettre en question ses habitudes;
— éviter les risques au niveau du travail pour ne pas perdre une partie de sa sécurité matérielle;
— etc.

La liberté et la sécurité ne s'excluent pas mutuellement, mais il est facilement observable que les deux ne font pas nécessairement bon ménage. Il existe chez chacun de nous un tiraillement entre ces valeurs. Plus de sécurité entraîne moins de liberté. Plus de liberté entraîne moins de sécurité. Ce tiraillement peut devenir pénible quand nos choix personnels ne sont pas clairs. Par exemple, si je veux être davantage maître de mon temps, libre de développer mes intérêts, d'agir selon ma logique privée, je peux le faire au risque de diminuer ma sécurité matérielle ou ma sécurité psychologique. Par contre, si la sécurité matérielle compte davantage pour moi, je conserverai peut-être un travail et des habitudes de vie qui réduiront mes possibilités d'utiliser mon temps à ma manière ou encore qui réduiront mes possibilités de conserver ma liberté de penser à ma manière. Ce va-et-vient nous tiraille souvent dans des périodes cruciales de notre vie, dans des périodes importantes de prise de décision quant à nos orientations personnelles.

Dans des groupes de travail sur l'analyse des valeurs, certains me disent qu'il s'agit de trouver un juste milieu, un équilibre entre ces deux valeurs. La proposition peut sembler alléchante, mais elle résiste difficilement à l'analyse. Ces propos, je les ai souvent entendus dans la bouche de personnes qui répondent à l'une ou l'autre des deux caractéristiques suivantes : ceux qui sont financièrement indépendants ou encore ceux qui ont une sécurité d'emploi qui, quelquefois, comporte un nombre minime d'heures/semaine et de mois/année de travail. Il ne faut pas généraliser ces caractéristiques, mais elles illustrent le cas d'un certain nombre de personnes qui tirent des avantages démesurés du système actuel. Par exemple, un enseignant de collège me dit un jour dans une session sur la clarification des valeurs :

> « C'est un faux dilemme. Regarde-moi, je suis pris dans un travail régulier dans un collège mais je trouve le temps de faire ce que j'aime en dehors de mes heures d'enseignement à dispenser. Je ne subis pas les pressions de mon milieu pour m'obliger à changer ma façon de penser et de faire. Tout va bien... »

Une autre participante lui réplique :

> « Je te trouve bien chanceux, mais tu ne t'en rends pas compte. Moi, je n'ai pas de sécurité d'emploi à vie dans un rayon de 50 kilomètres. J'ai juste deux semaines de vacances par année. Je n'ai pas la liberté de penser, car mon employeur n'accepte pas de divergences dans la manière de faire. À chaque jour, je pense que je devrais quitter mon travail pour penser davantage à moi, à mes idées, pour vivre plus en accord avec moi-même. Mais il y a des risques énormes. D'un côté, je me détruis

progressivement, de l'autre j'ai peur d'être insécure matériellement. Alors, j'attends que quelque chose se passe. Mais vite, je vais éclater...»

Ces deux cas sont aussi alarmants l'un que l'autre. Dans le premier, l'individu arrive à croire qu'il n'existe pas de dilemme parce que lui ne le vit pas. Il n'a pas conscience que la réalité de la très grande majorité des humains est tout autre. Il se crée un monde à part et il ne comprend pas pourquoi les autres peuvent vivre des tensions. Cette même personne n'arrivait pas à comprendre la situation de l'autre qui se sentait prisonnière de ce dilemme. Elle n'avait qu'à se trouver un autre travail. Facile à dire.

Dans le deuxième cas, la réalité est tout autre. C'est une personne qui redécouvrait ses potentialités mais qui vivait dans un milieu très préoccupé par la survie quotidienne. Travailler pour manger, pour réussir à joindre les deux bouts. La survie l'avait progressivement éloignée de sa croissance. Allons au plus vital. Mais les portes de sortie étaient minimes. Elle attendait que quelque chose se passe. Elle était dépendante d'une aide extérieure. Le tiraillement était de plus en plus intense et son agressivité envers le premier cas se verbalisait toujours plus à chaque session de travail. Une révolte intérieure naissait progressivement. Par contre, durant la session, elle put faire des mises au point importantes qui l'ont amenée à faire des choix pour l'orientation de sa vie future. Elle voulait progressivement, avec les années, créer son propre travail, mais elle avait décidé de ne quitter son emploi actuel que lorsqu'elle aurait suffisamment de clients pour ne pas être à la merci de la première difficulté.

Ces deux cas illustrent assez bien les divergences de perception de ce dilemme liberté/sécurité. Il est très conjoncturel. De plus, il est dépendant du degré de conscience de notre situation plus ou moins privilégiée. Dans le premier cas présenté, l'individu a commencé à modifier ses perceptions quand il a commencé à analyser son implication dans son travail. Il est devenu conscient qu'il donnait peu en retour de ce que le système lui donnait comme privilèges. Ses choix sont devenus différents: s'impliquer davantage dans son travail. Il en a fait même une question d'éthique, de morale.

La figure 4 illustre le dilemme liberté/sécurité. Il convient d'examiner cette figure en remarquant qu'il existe des niveaux par rapport à la liberté et à la sécurité. La ligne qui traverse le rectangle est également très importante. En effet, si l'on se situe aux extrémités, on assume la valeur complète. Par contre, le jeu est différent si nous sommes entre ces valeurs. Les signes - et + s'appliquent aux deux valeurs mentionnées:

- moins (-) de liberté à la liberté totale (+)
- moins de sécurité (-) à la sécurité totale (+).

Il s'agit en fait d'absolus. Nous nous situons tous quelque part sur cette échelle.

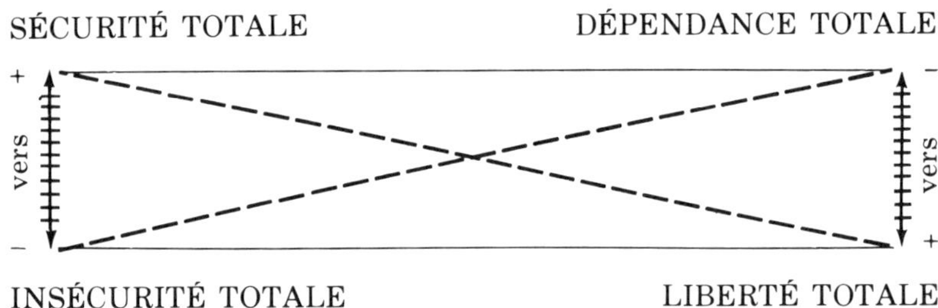

Fig. 4 Le dilemme liberté/sécurité.

Plusieurs facteurs jouent dans les choix que nous pouvons faire par rapport à ce dilemme. Mentionnons entre autres ceux qui apparaissent les plus déterminants:

— notre structure de personnalité;

— notre contexte de vie (nos obligations, notre plus ou moins grande dépendance matérielle, etc.);

— nos antécédents (nos expériences heureuses, malheureuses, nos essais, etc.).

Ces facteurs nous sont très personnels et il est difficile de faire des généralisations. Dans ces cas, il faut se centrer sur l'individuel et le particulier. Chaque cas est unique et les décisions pour résoudre le dilemme doivent être individualisées. De plus, il faut éviter de prendre des décisions à cet égard sans en avoir d'abord examiné les avantages et les inconvénients au niveau de notre croissance. Il ne s'agit pas d'opter pour la sécurité ou la liberté. Il faut savoir ce qui influence notre croissance et, par la suite, s'engager dans un processus qui permettra de mieux cerner l'apport de ces valeurs sur celle-ci. Je crois que nous passons des moments importants dans notre vie pour résoudre, du moins partiellement, ce dilemme. Il apparaît régulièrement et il nous questionne. Il n'y a pas de recettes magiques pour le résoudre parce qu'il est complexe et qu'il nous touche à des degrés divers. Même si notre préférence est annoncée (plus vers la liberté que vers la sécurité ou bien, plus vers la sécurité que vers la liberté), il s'avère difficile de maintenir une cohérence entre nos gestes et cette préférence. En d'autres mots, il est difficile d'en faire une valeur/référence et, par voie de conséquence, une valeur complète. Le choix n'élimine pas la confrontation et le questionnement. Il les situe plus clairement et il nous permet de mieux connaître l'impact de notre quotidienneté sur le développement de nos valeurs.

Le couple autonomie/interdépendance

Dans la perspective du dilemme liberté/sécurité, deux autres aspects peuvent nous aider à le résoudre. Il est évident que le fait de tenter de le résoudre est une manifestation d'énergie personnelle. Dans cette démarche, nous retrouvons, en plus du désir de mieux nous sentir, le souci d'avoir une vie plus conforme à nos désirs et à nos aspirations. C'est là qu'entre en jeu le couple autonomie/interdépendance.

Cet ouvrage et l'ensemble de la collection dans lequel il s'insère prennent un pari dès le départ : ils prétendent que l'être humain a une capacité de se prendre en charge, mais cela n'implique pas qu'il a la possibilité de le faire. Plusieurs éléments de notre éducation nous empêchent souvent de vivre ce processus de prise en charge. Souvent, on nous a habitués à être dépendants, à attendre que les autres prennent des décisions pour nous, à attendre que les autres prennent des responsabilités à notre place.

L'autonomie est la capacité de se prendre en charge [10]. C'est là l'une des libertés qui nous est accessible, dans la mesure où il s'agit d'un choix que l'on veut assumer. Ce processus de prise en charge n'est pas sans écueil. Il est souvent long et nécessite des investissements personnels considérables. Il n'est malheureusement pas possible de

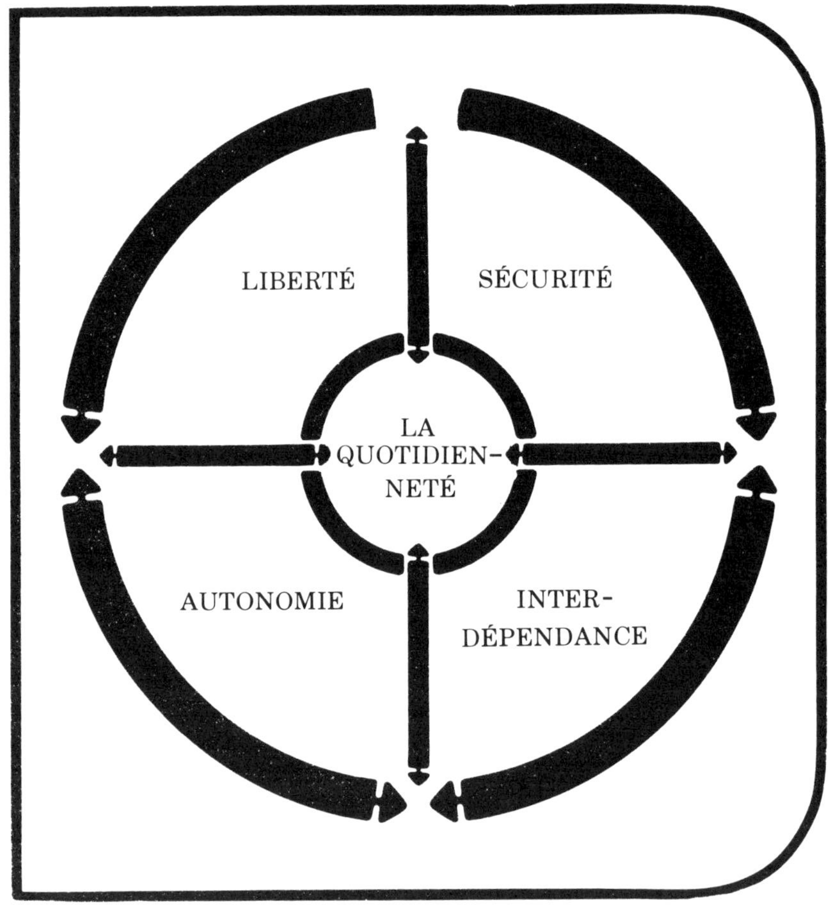

Fig. 5 Le dilemme liberté/sécurité et le couple autonomie/interdépendance.

décréter que l'on se prend en charge. Il s'agit d'un apprentissage basé sur la redécouverte de ses potentialités. Le terme redécouverte est adéquat dans ce processus de prise en charge. Il nous faut apprendre à utiliser d'une façon maximale nos ressources et à les développer en fonction des choix de notre vie. Se prendre en charge est un processus qui se fonde en tout premier lieu sur notre capacité à nous utiliser pour ce que nous sommes. Se redécouvrir, c'est chercher à faire appel aux richesses de notre personnalité. C'est réutiliser des talents, des comportements qui font partie de notre personne mais qui sont peu exploités dans notre quotidienneté, dans notre vécu. Se prendre en charge c'est également la capacité de prendre des décisions en conformité avec nos intérêts et nos préoccupations. C'est pouvoir décider en fonction de ce que nous jugeons sain pour notre croissance personnelle. L'autonomie cohabite mal avec la dépendance. Celle-ci diminue progressivement notre capacité de nous prendre en charge. La dépendance nous assujettit aux décisions d'un autre et mine notre possibilité d'agir selon notre logique privée. La dépendance est plus facile que l'autonomie, mais elle est également mois valorisante comme source de croissance personnelle. La dépendance est souvent perçue comme un refus d'assumer les conséquences de ses choix personnels. La personne préfère se considérer comme étant déterminée de l'extérieur. Elle agit sous la tutelle de déterminismes extérieurs. Ses actes lui appartiennent de moins en moins. Elle renonce à son individualité ; elle renonce à prendre en charge sa destinée, préférant suivre un destin dicté de l'extérieur.

Un des pièges du processus de prise en charge est celui de l'isolement qui se traduit par diverses formes d'individualisme. Se prendre en charge mais en ne pensant qu'à soi. L'individualisme réduit notre champ de relations interpersonnelles. Il implique une centration quasi absolue sur notre personne en ignorant notre milieu environnant et surtout les personnes qui y évoluent. Le processus de prise en charge peut très bien être vécu en interdépendance avec les autres. Il s'agira alors d'une démarche interactionnelle qui permettra à la fois une prise en charge personnelle et une prise en charge de ceux qui nous entourent. L'interdépendance peut très bien cohabiter avec l'autonomie. Il est important de noter que la prise en charge est essentielle, mais que notre aptitude à la favoriser chez les autres l'est également. C'est là la logique de la réciprocité. Si je juge qu'il est important de me centrer sur mon autonomie, la cohérence m'oblige à la favoriser chez les autres. Cette recherche de la cohérence fait partie intégrante d'une valeur/référence. De plus, l'interdépendance peut être une dimension facilitante pour développer sa capacité de se prendre en charge. Il s'agit là d'un mouvement dynamique.

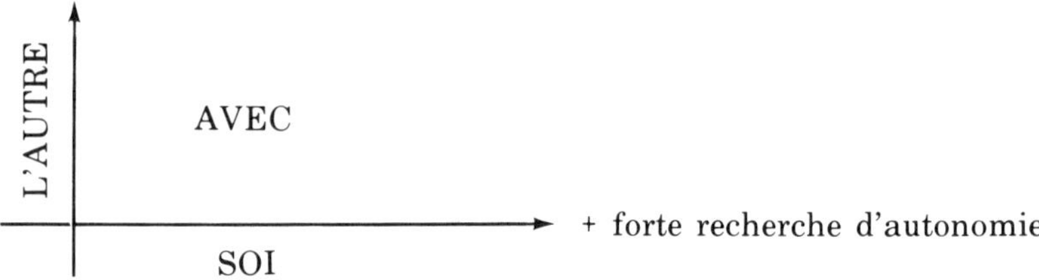

Fig. 6 Le couple autonomie/interdépendance.

Se prendre en charge et favoriser la prise en charge chez les autres constituent des défis importants qui sont à la fois bénéfiques pour nous-mêmes et pour les autres. Le fait de vouloir vivre et agir selon nos valeurs nous amène à vouloir développer notre capacité de nous prendre en charge. L'assumer, c'est également croire qu'il s'agit d'un processus fondamental pour les autres qui nous côtoient.

Se choisir par les valeurs

L'analyse de nos valeurs personnelles tant au niveau de la préférence que de la référence est une des démarches possibles pour amorcer ou concrétiser un processus de prise en charge. Cette démarche a l'avantage de pouvoir se faire à proximité de notre quotidienneté et de notre vécu expérientiel. Elle a également l'avantage de nous confronter avec certaines réalités existentielles qui peuvent devenir problématiques pour la personne humaine: la liberté, la sécurité, la finitude et également la mort[11]. Ces réalités existentielles qui agissent sur notre façon de penser et sur nos agirs provoquent à des degrés divers une angoisse plus ou moins intense. Notre façon de traiter cette angoisse, qui se présente à des époques diverses de notre vie, est intimement liée à nos options personnelles et à notre manière d'assumer certaines valeurs qui sont complètes pour nous.

L'analyse de nos valeurs personnelles touche à des dimensions complexes de notre personne et il est nécessaire que nos analyses s'intègrent à un processus d'apprentissage. On ne s'analyse pas pour s'analyser. Il ne faut pas que cela devienne une nouvelle mode. L'analyse a des exigences et elle ne peut pas se faire à vide. De plus, le processus d'analyse doit faire corps avec notre manière de penser, d'envisager la réflexion et l'action. L'analyse peut faire partie d'un processus plus global: apprendre à se choisir. Dans cette expression, nous retrouvons le sens de la démarche proposée. L'apprentissage de sa propre réalité, l'apprentissage qui nous pousse à choisir selon notre logique privée. Apprendre à se choisir implique également le fait d'être à l'écoute des éléments de notre quotidienneté qui peuvent bousculer notre logique privée. Le processus d'apprentissage nous permettra de retenir les éléments significatifs de ce cheminement et de les intégrer à notre logique privée. Celle-ci est en constante évolution et l'analyse vise essentiellement à être attentif à son mouvement pour que nous puissions lui donner la direction qui nous convient.

L'analyse de nos valeurs personnelles peut donc nous permettre:

- de mieux nous connaître à travers nos préférences et nos exigences;

- de mieux saisir notre logique privée et d'en établir une direction qui soit cohérente avec nos choix ;
- de mieux connaître la logique publique de notre milieu environnant ;
- de mieux saisir, à travers cette logique publique, les sources de facilitation à notre croissance ainsi que les sources freinantes ;
- de mieux se choisir pour arriver à maîtriser tant notre destinée que notre quotidienneté.

Il est important de se rappeler que les valeurs sont intimement liées à ce que nous sommes et à ce que nous voulons être. Les valeurs ne sont pas des dimensions théoriques. Elles sont la vie même. Elles nous permettent de saisir la toile de fond de notre quotidienneté. Elles nous nomment et elles nous interpellent à la fois.

Se connaître pour décider

Plusieurs sociologues [12] et psychologues ont démontré que la valeur des décisions personnelles repose avant tout sur la connaissance de soi et de sa situation. Ils nous montrent que nous ne pouvons savoir ce que nous voulons qu'à partir d'une « réflexion sur ce que nous faisons réellement ».

> « Tant que nous n'avons pas pris conscience de ce qui est véritablement notre réalité, nos idéaux et nos finalités ne sont que la projection de nos insuffisances et de nos incapacités. On ne peut avancer qu'en ramenant l'idéal sur terre, qu'en remettant sur ses pieds le système des rapports humains : réalité d'abord, idéal ensuite ». (Michel Crozier, p. 13)

Nos prises de décision nous engagent. Elles ne peuvent reposer uniquement sur des intuitions ou sur des goûts temporaires. Ici, j'entends des prises de décision qui engagent notre vie. Elles sont alors fondamentales. J'ai souvent remarqué, chez des individus ou dans des groupes de travail, l'importance de la connaissance de sa réalité dans un processus de changement. Le degré de conscience de la réalité est directement proportionnel au degré d'engagement dans un changement personnel. Le problème n'est pas de changer, mais de maintenir le changement dans le temps. J'ai souvent observé que des décisions prises sans une réflexion en profondeur sur la réalité n'avaient que peu de durée au niveau de l'application. On oublie rapidement les décisions prises pour revenir à sa réalité antérieure. L'inverse se concrétise différemment. La personne maintient ses prises de décision parce qu'elle ne peut accepter sa réalité antérieure et les effets de celle-ci sur sa croissance.

S'analyser n'implique pas que l'on décidera de transformer radicalement sa vie. Je le répète, on ne change pas pour changer. On décide de se transformer dans la mesure où nos décisions auront un impact significatif sur notre développement personnel. S'analyser peut nous amener soit à consolider notre réalité actuelle, soit à la transformer. Il s'agit de deux possibles. L'analyse de notre réalité nous guidera vers l'une ou l'autre de ces options. Observer sa réalité, l'analyser, y réfléchir, la questionner, se décider, agir et observer sa nouvelle réalité, voilà les éléments majeurs du processus. Dans les faits, ils ne se déroulent pas d'une façon aussi linéaire que dans l'énumération précédente. Il s'agit d'un va-et-vient, mais qui permet d'articuler progressivement ses choix de vie.

NOTES

9. Plusieurs penseurs contemporains posent dans leur analyse des éléments de ce dilemme. Ils les présentent à travers des études sur l'agir humain dans le contexte social de notre époque. Ces auteurs interprètent cette situation de manières diverses parce que leur grille d'analyse est différente.
LABORIT, Henri (1976). *Éloge de la fuite*, Paris, Robert Laffont.
DE ROSNAY, Joël (1975). *Le macroscope*, Paris, Éditions du Seuil.
MORIN, Edgar (1980). *La vie de la vie*, Paris, Éditions du Seuil.
MORIN, Edgar (1981). *Pour sortir du XXe siècle*, Paris, Éditions Fernand Nathan.
CROZIER & FRIEDBERG (1977). *L'acteur et le système*, Paris, Éditions du Seuil.
Au Québec, une étude du groupe ASOPE (Université de Montréal) sur les aspirations des jeunes montre également que ceux-ci accordent la primauté à certaines valeurs (par exemple, une forte tendance à la recherche de la sécurité matérielle et à la stabilité...). Une récente étude du ministère de l'Éducation du Québec montre également que les enseignants du Québec privilégient et ce, dans une forte proportion, des valeurs dites «dominantes»: «Le rapport d'autorité entre enseignant et enseigné»:

> «... si les enseignants recherchent le développement intégral de l'élève et l'individualisation de l'enseignement, ils hésitent, par contre, à accroître la marge de liberté de leurs élèves de façon à favoriser chez eux l'auto-apprentissage; ils éprouvent, en outre, de la difficulté à se défaire d'un modèle pédagogique autoritaire ainsi que d'un modèle d'école subordonné aux besoins du marché du travail».

CORMIER/LESSARD/VALOIS/TOUPIN (1981). *Les enseignants et les enseignantes du Québec. Une étude socio-pédagogique. Vol. 4: Valeurs éducationnelles*, ministère de l'Éducation du Québec.

10. La prise en charge a été utilisée à toutes les sauces. Pour certains, il s'agit de la capacité d'un individu de s'approprier des objectifs définis par le système ou par d'autres individus. Il est important de noter que, dans la perspective de ce texte, la prise en charge est issue d'un mouvement intérieur à l'individu.

11. Ces réalités existentielles et leurs influences sur l'auto-développement de la personne sont analysées dans l'ouvrage suivant: GARNEAU & LARIVEY (1979). *L'auto-développement*, Montréal, RED.

12. Le livre de Michel CROZIER est important pour la compréhension de cette dimension de la connaissance de soi comme élément fondamental d'un processus de changement. Son analyse est applicable au niveau individuel et au niveau du système social.
CROZIER, Michel (1979). *On ne change pas la société par décret*, Paris, Éditions Grasset.

CHAPITRE TROISIÈME

S'ANALYSER ET DÉCIDER

Analyser pour comprendre

L'essentiel de la démarche proposée dans ce chapitre repose sur l'analyse réflexive. Il s'agit en fait d'une auto-analyse qui vise essentiellement à mieux se comprendre, à mieux saisir le sens de sa quotidienneté telle que définie dans le chapitre précédent. Cette centration sur la quotidienneté est le pivot de la démarche qui est proposée. Ce pivot est complété par les autres éléments qui sont essentiels à toute clarification des valeurs: nos gestes, nos décisions, nos expériences, nos inquiétudes, etc. Comme il a déjà été mentionné, cette clarification de nos valeurs personnelles s'effectue dans une perspective de développement, c'est-à-dire de prise de décision en fonction de notre croissance.

Le processus d'analyse réflexive

Analyser ne signifie pas porter un jugement. Analyser signifie saisir, comprendre. Analyser est une opération de la pensée qui nous porte à interpeller la réalité et à en saisir la signification profonde.

L'analyse est un processus qui peut nous permettre de lire la réalité et d'y replacer les divers éléments dans une juste perspective et de tenter de refaire le tissu qui les sous-tend. C'est donc un processus complexe qui nécessite une saisie en profondeur des éléments observés. L'analyse part de la réalité brute (les faits tels qu'ils sont observés) et elle permet de dégager le sens de celle-ci. Il s'agit en fait de tenter de saisir les quelques cordes qui relient les faits observables de notre quotidienneté. C'est faire une lecture de la réalité pour nous permettre d'en comprendre la toile de fond. C'est chercher à comprendre ce qui anime notre quotidienneté et également ce qui nous mobilise dans celle-ci.

L'analyse est valable dans la mesure où elle est significative pour celui qui l'entreprend. Il faut entendre par là que l'on s'engage dans un processus d'analyse dans la mesure où l'on sent que cela peut nous être profitable. L'analyse est source de croissance personnelle si elle est intégrée à notre vécu et si elle fait partie intégrante de notre façon de prendre une décision. Le processus d'analyse ne doit pas être extérieur à notre personne, mais il doit faire partie de notre façon de penser et de notre façon de décider des orientations de notre vie. L'analyse est l'un des maillons d'un processus plus vaste : le processus de notre croissance personnelle. S'analyser fait partie de ce processus. Il ne faut pas mener une telle opération à vide si nous voulons qu'elle demeure significative et porteuse de pistes de développement.

Le processus d'analyse réflexive, pour permettre une clarification des valeurs, peut se résumer en quatre périodes : la collecte des faits, l'exploration des faits, la lecture réflexive des faits et le dégagement des valeurs partielles et complètes. Ce processus d'analyse se poursuit par une prise de décision qui débouchera sur de nouvelles actions qui viendront modifier notre réalité.

Les différentes périodes de l'analyse réflexive ne sont pas aussi consécutives que peut le laisser apparaître un schéma visuel. Le processus se déroule en quatre périodes mais il serait faux de prétendre que la période des prises de conscience s'effectue uniquement à la fin. Ce dégagement des valeurs partielles et des valeurs complètes se fait au fur et à mesure du processus. Il s'agit en fait d'une analyse par implication, c'est-à-dire qu'elle permet à la pensée d'avancer sa compréhension de la réalité brute, d'implication en implication. L'analyse

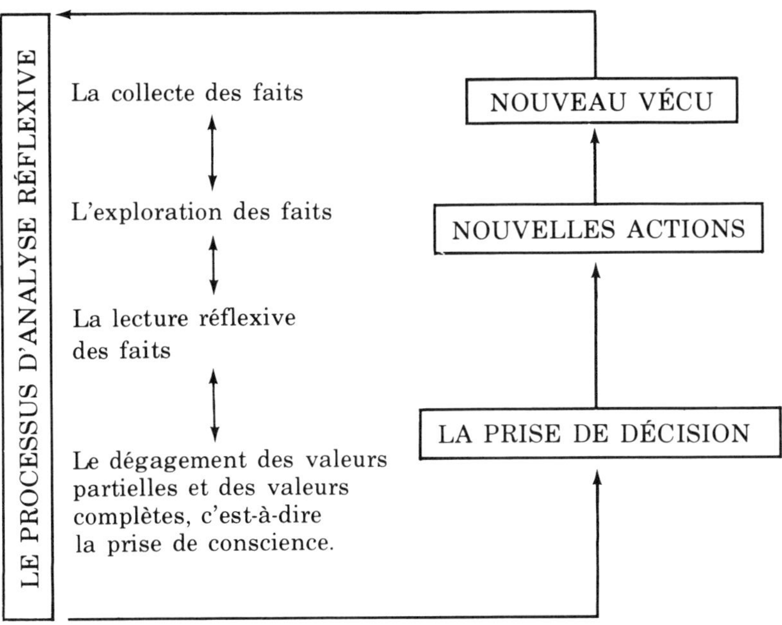

Fig. 7 Le processus d'analyse réflexive et la prise de décision.

réflexive procède par implications successives et dévoile les dimensions du vécu à la conscience de celui qui est analyste. La résultante de ce processus est une prise de conscience de plus en plus articulée des valeurs partielles et complètes qui sous-tendent nos gestes. L'analyse réflexive allie à la fois la compréhension de la réalité et la réflexion sur celle-ci. Cette compréhension/réflexion n'est pas spontanée. Elle se construit à mesure que nous effectuons une lecture de la réalité. C'est un processus cyclique mais qui procède d'une certaine logique : partir de la réalité pour nous permettre de l'explorer, de la lire, de la comprendre et d'y réfléchir.

La proposition d'un cadre d'analyse

Les deux premiers chapitres ont tenté de cerner certains éléments-clés dans une démarche de clarification des valeurs. Ces éléments touchaient à des dimensions de la personne humaine en interaction avec son milieu social. J'ai à ce moment abordé les aspects suivants: les préférences, les références, les valeurs partielles, les valeurs complètes, la logique privée et la logique publique. Ces aspects ont été placés dans le contexte de la croissance personnelle et de son impact sur le type de décisions que nous sommes amenés à prendre en fonction de celle-ci. C'est dans cette perspective que le dilemme liberté/sécurité a été présenté ainsi que le couple autonomie/interdépendance. La liberté et la sécurité apparaissent comme des méta-valeurs pour la personne humaine vivant à la fin de ce siècle. Non pas que cette tension n'existait pas auparavant, mais elle se manifeste de plus en plus clairement dans notre société contemporaine. De plus, j'ai tenté de montrer l'importance de l'examen de notre quotidienneté dans un processus d'analyse de ses valeurs personnelles.

Avant d'aborder la présentation de quelques outils de travail pour nous permettre de mieux cerner nos valeurs, il convient d'expliciter le cadre d'analyse qui est proposé pour le faire. Ce cadre d'analyse est fonction du contexte décrit dans les premiers chapitres. Il reprend les éléments essentiels qui serviront de toile de fond à l'analyse réflexive.

Comme il a déjà été mentionné, je ne privilégie pas une analyse de ses valeurs personnelles à partir d'un discours sur les valeurs. Je crois qu'il est préférable de se centrer sur la quotidienneté de la personne humaine avec tout ce qu'elle recèle de richesses et de possibilités. Nous sommes les experts de notre quotidienneté et nous pouvons également devenir les experts de sa compréhension. Il s'agit de se donner un cadre d'analyse réflexive qui permet de faire émerger des prises de conscience progressives et de plus en plus articulées. Notre quotidienneté nous appartient en ce sens qu'elle intègre à la fois nos satisfactions, nos insatisfactions, nos craintes, nos incertitudes, nos joies, nos peines, nos décisions. Elle est englobante et elle peut devenir dévoilante par un processus d'analyse réflexive.

Il s'agira donc de s'analyser à travers cette quotidienneté pour nous permettre de comprendre et de réfléchir sur nos valeurs et ce, dans leurs diverses manifestations. Il ne suffira pas de décrire notre quotidienneté, mais de la lire, de l'interpeller, de la questionner et de l'examiner sous diverses facettes.

Le cadre d'analyse proposé n'est pas exhaustif. Il est basé sur les aspects fondamentaux de la clarification de valeurs. Votre propre expérience vous permettra de la compléter ou de mettre de l'importance sur certains aspects plutôt que sur d'autres. Il y aura un choix d'objets d'analyse à faire. Il semble évident que l'on ne peut tout examiner à la fois. De plus, le processus proposé insiste sur l'implication successive, c'est-à-dire sur un aller-retour constant.

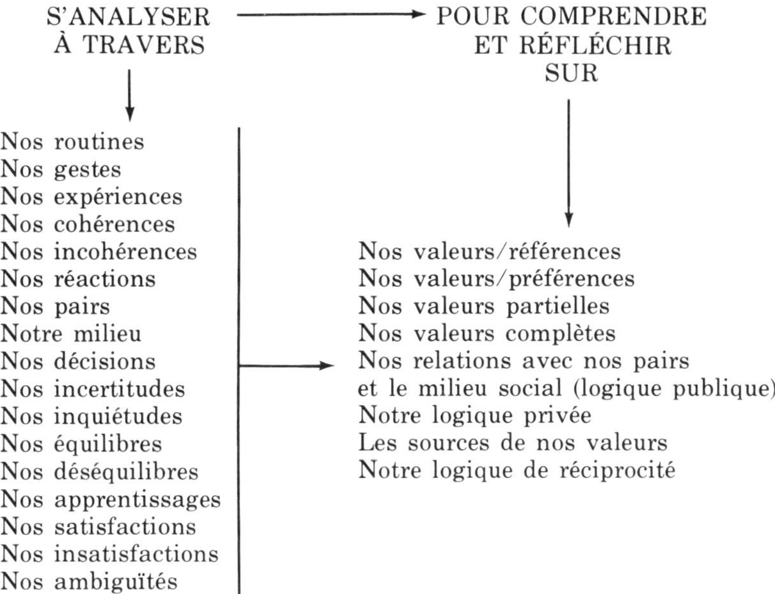

Fig. 8 Le cadre d'analyse réflexive.

Certaines attitudes de base sont inhérentes à ce cadre d'analyse. J'aimerais en mentionner au moins deux qui me semblent dominantes. La première est une attitude de transparence envers soi-même. Dans une auto-analyse, nous sommes placés face à nous-mêmes et il serait peu utile de nous «conter des blagues». Il faut aborder une auto-analyse en nous disant qu'il nous faut nous placer devant nos propres vérités et notre propre réalité, même si certaines images ne nous plaisent pas. L'analyse fait souvent apparaître des dimensions que nous n'avions pas au niveau conscient. Elles peuvent nous plaire ou encore nous surprendre. Elles font partie de notre réalité et nous verrons comment elles peuvent se positiver à travers une démarche d'apprentissage. Cette attitude de transparence envers soi-même est nécessaire au moment même où nous décidons de procéder à une auto-analyse. Déjà, à la période de collecte des faits, elle jouera un rôle dans notre capacité de discriminer et de décrire la réalité brute.

La deuxième attitude est liée à la responsabilité et ce, à plusieurs niveaux. En premier lieu, l'auto-analyste doit admettre qu'il est le premier responsable de son existence même si, à certains moments, il est difficile pour lui d'assumer cette responsabilité. Cette attitude de responsabilité est nécessaire lorsque nous voulons que «notre projet de croissance se réalise». Nous devons développer notre capacité de nous prendre en main et être le premier responsable de cette prise en charge. Le premier responsable n'implique pas que nous sommes le seul. Mais nous sommes les navigateurs, les leaders de notre développement. Il faut donc arriver à exercer «activement et en connaissance de cause cette responsabilité». En deuxième lieu, l'attitude de responsabilité nous lie à ceux qui sont nos pairs immédiats. Notre démarche d'analyse et de choix les implique parce que nous faisons partie intégrante de leur vie et qu'ils influencent la nôtre. Nous avons donc la responsabilité de leur communiquer notre cheminement et même, en certaines occasions, de les y associer. Je reviendrai sur cet aspect un peu plus loin dans ce chapitre.

La durée de l'analyse réflexive

Le processus d'analyse réflexive a toujours un début mais on ne lui connaît pas toujours une fin. C'est là une observation que j'ai souvent faite auprès de nombreuses personnes qui l'intègrent dans leur cheminement. Au début, nous observons que la personne qui fait l'apprentissage de l'analyse réflexive vit des incertitudes quant à son utilité et à sa pertinence. Cependant, nous observons également que lorsque l'apprentissage commence à s'intégrer, la personne se l'approprie et il devient un processus utilisé régulièrement et, surtout, spontané. Il en vient à faire partie de la personne et il refait surface chaque fois que l'occasion se présente. C'est donc un processus continu lorsqu'il devient intégré à notre personne. Par contre, à certaines époques de notre vie, nous pouvons entreprendre une analyse réflexive plus en profondeur et plus rigoureuse. C'est lors des époques-bilans de notre vie que l'analyse réflexive démontre toute sa richesse.

Son propre rôle

Dans un processus d'analyse réflexive, le rôle de la personne qui s'y engage est multiple. Il s'agit:

— de s'informer sur les caractéristiques de la personne en croissance:
— de cerner les situations qui feront l'objet d'une analyse (le lecteur peut s'inspirer de la liste proposée à la figure 8);
— de procéder à une collecte de faits en fonction de la situation à analyser;
— d'explorer ces faits en les mettant en relation;
— d'en faire une lecture discernante;
— de chercher des feed-back chez ses pairs;
— de décider des nouvelles actions à entreprendre.

Ce rôle, à plusieurs facettes, est inhérent aux diverses périodes de l'analyse réflexive. Nous y reviendrons lors de la présentation des outils.

Le rôle des pairs

J'ai déjà mentionné l'idée d'interdépendance dans le processus de clarification des valeurs. Dans l'auto-analyse, les pairs peuvent jouer un rôle important. L'auto-analyse est complexe parce qu'elle touche à des éléments vitaux de la vie individuelle et que celle-ci est faite d'une disparité de situations qui s'enchevêtrent sans cesse. Dans un processus d'analyse, il convient de distinguer ces éléments mais non de les séparer. Nos pairs peuvent être des ressources importantes pour nous assurer une meilleure compréhension de notre réalité. Ils nous permettent de nous distancier de façon critique par rapport à notre propre vécu et de distinguer nos illusions de nos réalités.

> « L'auto-examen nous convie non pas à nous refermer narcissiquement et à nous délecter de nous-mêmes, mais à dialoguer avec nous-mêmes... Une pensée qui essaie de se comprendre a besoin de se décentrer et de se distancier par rapport à elle-même et a donc besoin du regard d'autrui et de la pensée d'autrui. L'auto-examen est donc nécessairement auto-exo-examen. C'est dire que la logique de la pensée complexe nécessite un milieu de confrontation, opposition, voire discorde : elle ne saurait concevoir une pensée autosuffisante. Ici encore, nous voyons réapparaître les idées d'ouverture et de fermeture. La pensée close du dogmatisme refuse à la fois l'examen par autrui et l'auto-examen. La pensée complexe a besoin de l'un et de l'autre. » (Morin, Edgar, 1981, pages 169 et 171)

Il n'est pas dit que nos pairs doivent être présents à tous nos temps d'analyse. Il s'agit beaucoup plus de prévoir des temps de réaction et d'échange. Il s'agit de revenir régulièrement à ceux-ci pour aller chercher des données qui confirmeront ou confronteront notre propre analyse. De plus, cette démarche peut être interactionnelle, c'est-à-dire que nous pourrons nous aussi donner du feed-back aux autres si ceux-ci le sollicitent. Il faudra être disponible.

Il est un aspect important à considérer lorsque nous choisissons délibérément de faire appel à nos pairs dans une auto-analyse. C'est celui du degré de confiance ou encore de la crédibilité que nous avons en eux. Il est inutile de faire appel à nos pairs si nous n'avons pas confiance dans leur feed-back ou si nous sommes peu réceptifs à leurs critiques ou à leurs propos. L'auto-exo-analyse doit s'éloigner de la méfiance pour s'engager sur le terrain de la confiance.

Un autre aspect mérite d'être mentionné : c'est celui de la défensivité. Il n'est pas rare d'observer une sur-défensivité de la part de celui qui s'analyse lorsqu'il entre en relation avec ses pairs. Cette sur-défensivité est souvent observée lorsque nous découvrons certaines choses qui nous plaisent moins à travers l'analyse. Nous avons alors tendance à nous justifier et à être sur la défensive avec les autres. C'est une situation qui est possible mais nous devons y être attentifs si nous ne voulons pas détériorer notre relation avec nos pairs.

Subjectivité ou objectivité

Pour certains, il s'agit là d'un problème capital dans toute analyse, auto-analyse ou auto-exo-analyse. Pour les uns, il faut rechercher l'objectivité à tout prix, pour les autres, il s'agit d'admettre que tout est subjectif. Pour ceux pour qui prime l'objectivité, il est important de restreindre les objets d'analyse pour les limiter à ceux qui peuvent permettre un regard froid, impartial. Pour eux, il est souvent nécessaire que l'analyste soit extérieur à l'analysé et qu'il soit le maître du processus. L'analysé apporte les données et l'analyste les traite, les lit et en dégage une signification. L'analysé doit avoir une totale confiance en l'analyste et en ses techniques. L'analyste ne vise pas à outiller l'analysé pour qu'il prenne en charge son analyse. L'intention est tout autre. Il souhaite aider le client, mais il est le gardien de la procédure et il est le maître de la grille d'analyse. Les critiques les plus mordantes sur cette relation se situent à deux niveaux : le caractère de dépendance de la relation et la possibilité d'une subjectivité de la part de la personne-ressource.

Dans la situation d'auto-analyse, le problème se pose autrement. Il s'agit en fait de fournir suffisamment d'outils pour permettre à une personne de devenir le maître d'œuvre de son analyse et d'intégrer celle-ci dans une manière de penser. Doit-on à ce moment être subjectif ou objectif ? J'opte personnellement pour une subjectivité disciplinée. C'est là reconnaître le caractère hautement subjectif de l'expérience humaine, mais c'est également reconnaître que l'analyste a besoin d'une certaine rigueur pour ne pas se perdre dans les confusions, les illusions, les justifications.

La subjectivité disciplinée s'inscrit dans un processus d'auto-analyse à certaines conditions. J'en nommerai ici quelques-unes. En premier lieu, il est important que l'analyse se réalise à travers certains outils de travail, ce qui élimine la centration exagérée sur des mots et sur des échanges verbaux. Les échanges peuvent être bénéfiques dans certains contextes, mais ils sont difficilement traitables dans le contexte d'une auto-analyse. Le verbal se perd dans le temps et il est difficile d'y revenir pour y colliger de nouvelles données. Certains diront qu'il suffit de s'enregistrer. C'est là une technique, mais elle est pénible à l'usage. La somme de temps à consacrer à l'écoute est énorme et il semble qu'il est souvent laborieux de procéder à l'écoute de ses propres discours. Les outils pour favoriser une auto-analyse (voir le chapitre troisième, dernière partie) nous permettent de nous centrer sur des situations concrètes et de réfléchir aux valeurs qui nous animent par ce médiateur.

Un autre élément demeure important pour s'assurer d'une subjectivité disciplinée. C'est de ne faire appel à la mémoire et aux souvenirs que dans les cas limites ou lorsque les souvenirs deviennent des éléments explicatifs de notre quotidienneté. En fait, l'auto-analyse de ses valeurs personnelles passe davantage par l'examen de la quotidienneté que par un rappel du passé. Celui-ci peut expliquer le présent, mais il peut revenir à notre mémoire d'une façon déformée parce qu'il n'a pas de propriété de conservation. La mémoire est soumise au principe de l'entropie, c'est-à-dire que « le temps comporte en lui dégradation, corruption, désintégration, dispersion». Il faudra distinguer le passé vivant, qui se veut à proximité de nos préoccupations présentes, du passé obscurci, qui est loin de notre réalité quotidienne. Ce dernier se distingue du premier par le fait qu'il nous faut fouiller pour le faire émerger. Il peut être important mais il est à manipuler avec d'extrêmes précautions dans le cadre d'une auto-analyse de ses valeurs personnelles.

Il nous faut également aborder l'analyse de ses valeurs avec une pensée ouverte. Il faut entendre par là ne pas restreindre dès le départ les possibilités de l'analyse en disqualifiant certaines valeurs ou certaines idées. Par exemple, certains peuvent dire, avant même de procéder à une analyse: «Jamais je ne privilégierai la compétition». Et pourtant, l'analyse peut nous révéler que certains de nos gestes nous mènent dans cette direction. Le fait de disqualifier cette valeur peut entraver la lecture de la réalité. Ce mécanisme de rejet peut fermer notre pensée et nous faire considérer comme acquises certaines idées. Il faut se méfier et discipliner notre pensée à cet égard.

L'auto-analyse procède d'une certaine rigueur qu'il convient de ne pas confondre avec la rigidité. La rigueur de la pensée permet de tirer de plus grandes satisfactions de l'analyse. La rigidité de la pensée peut, pour sa part, nous entraîner dans une analyse close, fermée et partielle.

Le sens des outils

Dans la section qui va suivre, il vous sera présenté un certain nombre d'outils pour favoriser une auto-analyse. Ces outils sont des prétextes pour nous permettre de nous centrer sur les objets d'analyse et pour avoir une certaine rigueur de travail. Ils ne sont évidemment pas exhaustifs, mais ils peuvent être considérés comme des possibilités de travail. Ils sont conçus de manière à nous permettre de colliger des données pour entreprendre une analyse réflexive sur nos gestes et les valeurs qui les nomment. Ces outils servent de matériel de base car ils font appel à notre vécu, à nos réactions et à nos préoccupations.

Être producteur et non pas consommateur

Il est malheureux de constater que certains utilisent ces outils avec une mentalité de consommateur. Ils les utilisent sans y mettre un apport personnel, sans avoir le souci de les modifier, de les transformer ou encore de créer leurs propres techniques. S'il ne sert qu'à la consommation, cet ouvrage n'aura pas atteint ses intentions. En fait, il s'agit d'un canevas de départ, dans lequel l'usager peut agir à titre de producteur et ce, de diverses manières :

— en transformant certaines situations pour qu'elles correspondent davantage à son vécu ;

— en créant ses propres situations à partir du thème proposé ;

— en poursuivant la situation pour permettre d'aller plus loin dans sa démarche d'analyse.

Être producteur signifie également prendre davantage en charge son auto-développement. C'est devenir progressivement l'expert à la fois du « quoi » et du « comment ». Je conseille fortement de conserver en dossier toutes les activités de travail que vous produirez, car elles vous permettront de faire un retour sur votre cheminement et de saisir les moments où vous vous distanciez de l'instrumentation proposée. Celle-ci est ma contribution au processus d'analyse de vos valeurs. Votre contribution est encore plus fondamentale, car elle vous permettra de donner vie à ces outils en y introduisant un contenu personnalisé.

Le temps opportun et la fréquence

Ces deux dimensions sont de votre ressort. En effet, il est nécessaire de déclencher le processus d'analyse lorsque vous le jugez opportun et utile. Certains préfèrent vivre ces périodes d'analyse dans des moments de sérénité. D'autres sont plus productifs dans des moments de tension. Il n'y a pas de règle à ce niveau. Il est cependant important de remarquer qu'il ne faut pas procéder à ces périodes de travail à la sauvette. Il faut y mettre un temps suffisant pour nous permettre d'aller en profondeur. Il faut également qu'il n'y ait pas trop de distance entre les périodes de travail pour nous permettre une certaine densité de réflexion.

Le choix de l'outil

Il est important de choisir des activités qui ont une signification pour vous. Règle générale, plusieurs activités/outils peuvent vous permettre une même opération. À vous de déterminer celle qui vous semble la plus productive, car il faut savoir dans quoi vous vous engagez. Même si une activité/outil ne vous plaît pas à un moment donné, elle peut devenir significative après un certain temps.

Les outils de travail peuvent se regrouper selon certaines grandes intentions. Le choix de l'outil est donc également fonction de ces intentions. Celles-ci s'inscrivent dans le contexte de l'auto-analyse en vue de la prise de décision.

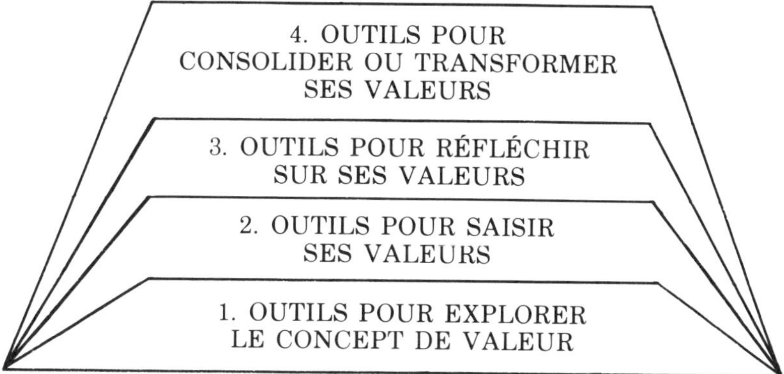

Fig. 9 Les intentions des outils de travail.

Les principes à la base des outils d'analyse

Tout outil n'est pas neutre, c'est-à-dire qu'il s'inspire d'une conception du travail et de l'apprentissage. Dans cette section, je préciserai certains aspects qui ont été à la base de la création des outils d'analyse proposés. Il s'agit d'un certain nombre de principes qui s'appliquent à tous les outils présentés à la fin de ce chapitre et qui esquissent la conception de l'apprentissage que nous utiliserons à travers le processus d'analyse réflexive. Il est important de se rappeler que cet ouvrage veut favoriser deux apprentissages: apprendre à s'auto-analyser et apprendre à se connaître/reconnaître à travers les valeurs. Nous pourrions inclure un autre apprentissage: celui de connaître le sens du concept valeur. Ce dernier fait partie intégrante de l'apprentissage « apprendre à se connaître/reconnaître ».

1. *Les outils peuvent permettre un apprentissage individualisé*

Selon ce principe, les outils font appel à l'intériorité et peuvent favoriser une prise de conscience personnalisée. Chaque utilisateur peut y faire des apprentissages selon ses propres possibilités et selon son cheminement. Dans cette perspective, les apprentissages réalisés différeront selon les utilisateurs. Même si deux personnes utilisent le même outil, il faut s'attendre à ce que leurs prises de conscience soient différentes. Cette constatation est également valable lorsque l'outil est utilisé dans une équipe de travail. Chacun en retirera des acquis différents, compte tenu de ce qu'il est, de ce qu'il pense et de ce qui le préoccupe.

2. *Les outils peuvent permettre un cycle action/réaction*

Selon ce principe, l'outil devrait déboucher sur une action qui permettra de cheminer; cette action entraînera une réaction, laquelle permettra de choisir avec plus de pertinence l'outil de travail suivant. Le cycle action/réaction permet d'éviter de choisir les outils d'analyse au hasard, sauf peut-être le premier. Par la suite, il s'agit de s'insérer dans un processus cyclique. Ce cycle est fondamental dans la conception de l'apprentissage que je vous propose. Il permet d'entreprendre des activités d'une façon réfléchie et surtout, à proximité de notre propre cheminement. Ce cycle action/réaction est un processus court qui évite d'attendre à la fin pour intégrer et réagir à sa démarche. La figure 10 tente de démontrer cette interaction entre l'outil d'analyse et le cycle action/réaction. Il convient de noter que ce cycle peut être refait autant de fois que l'utilisateur le désire. Il s'agit d'en voir la pertinence dans sa démarche personnelle.

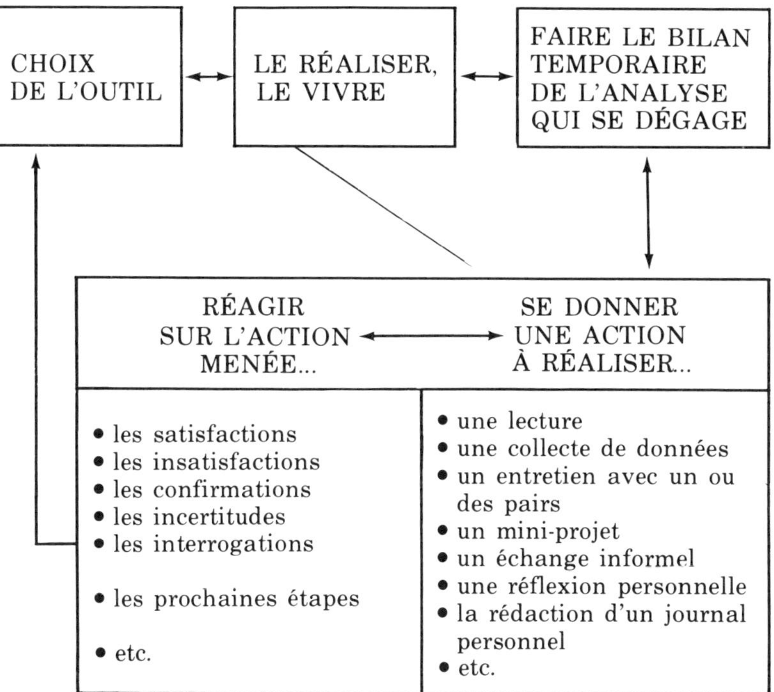

Fig. 10 Les outils d'analyse et le cycle action/réaction.

Cette figure illustre un des principes de l'analyse réflexive mentionné au début du chapitre troisième: l'analyse par implication. Au fur et à mesure que des outils d'analyse sont utilisés et que les données qui en ressortent sont analysées, une analyse par implication se développe. Le cycle action/réaction vient compléter ce processus en intégrant davantage les éléments dans le champ perceptuel de la personne. L'analyse par implication se fait dans la mesure où il y a un retour constant sur les prises de conscience que nous réalisons. De plus, le cycle action/réaction permet de dépasser l'analyse pour soumettre nos réflexions à l'action et pour compléter notre saisie de nos valeurs personnelles.

3. *Les outils peuvent permettre d'utiliser le vécu*

Certains outils nous donnent directement accès à notre vécu. Il s'agit alors de colliger des faits à partir de celui-ci et, par la suite, de déclencher le processus d'analyse réflexive. D'autres outils sont des mises en situation qui peuvent nous permettre de réagir ou de confronter nos valeurs à d'autres cas. Ils font également appel au vécu mais le font moins à travers des gestes. C'est là une autre dimension du vécu qui demeure essentielle dans un processus de clarification des valeurs.

4. *Les outils peuvent être utilisés dans l'ordre voulu par l'utilisateur*

Les outils ont été construits de manière à ce qu'il ne soit pas nécessaire de les utiliser dans un ordre prédéterminé. Il s'agit d'un choix lié à la signification et non pas une nécessité de l'instrumentation. Le fait de n'avoir pas de séquence à respecter peut amener de la souplesse dans le cheminement de l'utilisateur. Par contre, il ne faut pas oublier que l'instrumentation est faite dans l'esprit du respect du cycle action/réaction. Même s'il n'y a pas de séquence dans les outils proposés, il est important de remarquer qu'il existe un emboîtement dans les périodes d'analyse (explorer/saisir/réfléchir/consolider/transformer).

Il serait difficile de mener des actions de développement pour consolider ou transformer certaines valeurs sans avoir d'abord saisi nos gestes et les valeurs/références et les avoir soumis à notre réflexion. De même, il serait illusoire pour un profane de commencer à réfléchir sur ses valeurs sans connaître le sens du concept (explorer). *Il s'avère important de choisir ces outils à votre mesure, adaptés à l'état actuel de votre cheminement par rapport à la clarification des valeurs.* Les choix seront judicieux dans la mesure où ils seront faits sans précipitation et avec un minimum d'éclairage. Il ne s'agit pas d'utiliser un maximum d'outils en un temps record, mais de prendre le temps nécessaire pour que la démarche vous soit profitable.

5. *Les outils peuvent être utilisés plus d'une fois*

Dans la période d'expérimentation de cette instrumentation, j'ai souvent observé que les utilisateurs revenaient régulièrement sur certains outils déjà utilisés et ce, pour diverses raisons. Il s'agissait, pour les uns, de nuancer certaines analyses, de les confronter avec de nouvelles données ou encore de réutiliser les outils pour compléter le travail amorcé après un certain temps d'incubation ; pour d'autres, il s'agissait tout simplement de refaire l'activité et, par la suite, de confronter les deux résultats après avoir cheminé pendant un certain temps. Dans tous les cas, il est important de conserver ces analyses pour pouvoir procéder à un tel retour. Chacun aurait avantage à se trouver une méthode personnelle lui permettant de tenir à jour ses analyses et ses réflexions.

Un coffre d'outils

Dans les sections qui vont suivre vous retrouverez différents outils pour faciliter votre auto-analyse des valeurs. Ces outils sont utilisables dans la perspective de ce qui a été énoncé dans les sections précédentes du chapitre troisième. Ils sont impliquants parce qu'ils tentent de vous aider à cerner vos valeurs à partir de l'examen de votre vécu quotidien.

Quelques trente-cinq ateliers sont proposés pour vous permettre d'explorer et de saisir vos valeurs. Les ateliers # 1 à 16 visent une première exploration du sens même du terme valeur. Ils peuvent vous faciliter le travail pour mieux saisir ce qu'est une valeur et vous permettre d'amorcer votre réflexion personnelle. Ils favorisent un retour sur les aspects théoriques de ce volume en vous permettant de vous situer par rapport à ceux-ci. Les ateliers # 17 à 35 amorcent le travail d'analyse proprement dite. Il s'agit de saisir vos valeurs à travers un certain nombre de démarches. Ces ateliers donnent de la profondeur à ce qui a été exploré par les premiers ateliers.

Par la suite, divers outils vous sont signalés pour faciliter une analyse réflexive et anticipative. Elle sera réflexive lorsqu'elle favorisera un retour sur la saisie de vos valeurs. Elle sera anticipative lorsqu'elle favorisera la mise en œuvre des actions de consolidation ou de transformation de vos valeurs personnelles. L'utilisation de ces outils (réfléchir/consolider/transformer) nécessite un mûrissement. Il ne s'agit pas uniquement de lire le texte mais de l'aborder par une démarche d'aller-retour. Revenir à vos ateliers de développement. C'est ce que j'ai décrit précédemment comme étant une analyse par implication successive.

Une visualisation de la présentation des outils

Pour la majorité des outils présentés pour les périodes d'exploration et de saisie de ses valeurs, ceux-ci se présentent dans la forme visuelle suivante :

> sur la page de gauche, vous avez l'outil en soi qui vous permet de soutenir votre démarche d'analyse réflexive : sur la page de droite, vous avez un guide d'exploitation de l'activité vécue.

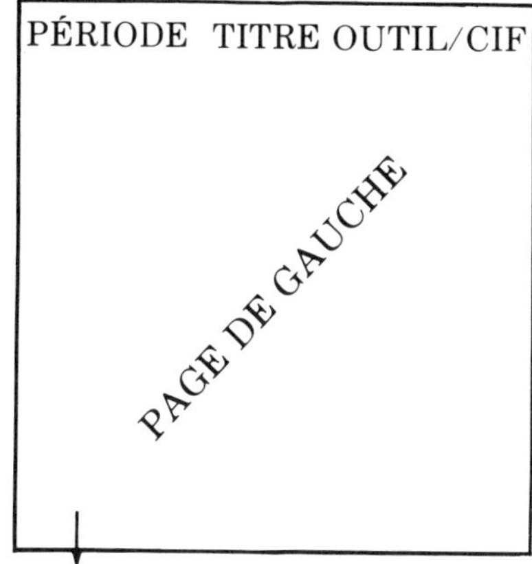

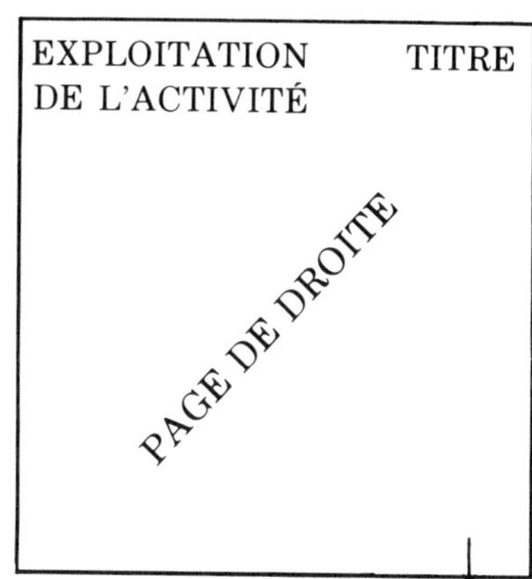

OUTILS POUR SOUTENIR VOTRE DÉMARCHE D'AUTO-ANALYSE : EXPLORER VOS VALEURS, SAISIR VOS VALEURS/PRÉFÉRENCES ET RÉFÉRENCES.

DÉMARCHE POUR RÉFLÉCHIR SUR VOTRE AUTO-ANALYSE : RÉAGIR SUR LES FAITS, QUESTIONNER LES FAITS, ET PRÉPARER LA PROCHAINE ACTION.

QUELQUES OUTILS POUR EXPLORER LE CONCEPT VALEUR

Période
Exploration **Liste des outils/CIF** **Nos 1 à 16**

Les titres	Les intentions de l'activité/outil
1. Revoir ses valeurs	Explorer sa compréhension du concept de valeur et commencer à planifier sa démarche.
2. Réactions à quelques valeurs	Explorer comment spontanément vous vous situez par rapport à certaines valeurs. S'agit-il d'une préférence et/ou d'une référence ?
3. Le pouvoir des valeurs	Exploration de la dimension de la cohérence ou de l'incohérence entre nos gestes et nos discours. (à partir de l'étude d'un cas lié à une personne).
4. Le cas d'une organisation	Exploration de la dimension de la cohérence ou de l'incohérence (le cas d'une organisation).
5. Nos réactions au dilemme liberté/sécurité	Première exploration personnelle de ce dilemme.
6. Le terrain de l'analyse	Pour bien situer le processus d'analyse, il s'agit de recréer une logique inhérente à celle-ci.
7. Le jeu de la préférence	Situer ses préférences personnelles à partir des valeurs de quatre personnages.
8. Observer les autres	Développer une habileté à procéder à une collecte de faits.
9. Les valeurs dans l'information	Explorer les valeurs véhiculées par les événements quotidiens.
10. Les valeurs dans l'information sportive	Explorer les valeurs véhiculées par les événements quotidiens.
11. Une liste de propos	Explorer les valeurs véhiculées par certains individus dans des organisations sociales.
12. Grille des conséquences	Explorer les conséquences à court et à long terme qu'il y aurait à assumer certaines valeurs.
13. Les valeurs dominantes	Premier repérage de certaines valeurs dominantes dans notre société actuelle.
14. Un discours sur les valeurs	Exploration d'une situation idéalisée dans laquelle le lecteur se sentirait à l'aise tant au niveau de sa personne qu'au niveau social.
15. Les niveaux de la cohérence et de l'incohérence.	Illustrer différents niveaux de cohérence et d'incohérence.
16. Intégration verticale de la période d'exploration	Bilan des apprentissages, des interrogations réalisés durant la période d'exploration.

Période	*Titre*	*Outil/CIF*
Exploration	**Revoir ses valeurs**	**# 1**

Les valeurs sont des mots-clés qui nomment nos gestes quotidiens. Ces références sont importantes dans notre vie puisqu'elles légitiment à nos yeux nos gestes quotidiens et nos prises de décision.

Cet atelier veut permettre d'amorcer la réflexion nécessaire à une activité de révision de ses valeurs personnelles.

REVOIR	Ce mot me fait penser à quoi?
VALEURS	Quelles réflexions m'inspire ce mot?
MES EXPÉRIENCES	Puis-je relater des expériences antérieures qui m'ont permis d'amorcer une clarification des valeurs?
POURQUOI?	Que peut m'apporter à ce moment-ci de mon existence une analyse des valeurs?
AVEC QUI?	Vais-je entreprendre cette démarche seul? Pourquoi? Dans mon entourage, qui serait intéressé à entreprendre une telle démarche? En quoi cela pourrait-il être stimulant de faire une analyse conjointe? Pourrions-nous nous donner un feed-back réciproque?
QUAND?	Vais-je faire cette analyse sur une courte ou sur une longue période? Est-ce que je préfère travailler cette analyse d'une manière informelle ou d'une manière plus systématique? Pourquoi?

Exploitation de l'activité **Revoir ses valeurs**

Le fait d'avoir vécu l'activité # 1 peut vous amener à vous poser des questions sur le sens d'une analyse des valeurs. Il s'agit ici de réagir à vos premières constatations sur ce processus.

1. Faites une liste des questions que vous vous posez sur:
   le sens du concept valeur
   le sens d'un processus d'analyse

2. Pouvez-vous synthétiser la démarche que vous voulez privilégier pour entreprendre une auto-analyse de vos valeurs?

3. Quelles sont les informations que vous aimeriez avoir avant de poursuivre votre démarche? Où les trouver?

4. Quelle sera votre prochaine action dans le cadre de ce processus d'auto-analyse?

Période	*Titre*	*Outil/CIF*
Exploration	**Réactions à quelques valeurs**	**# 2**

Spontanément, vous pointez cette liste de quelques valeurs, dans l'une ou l'autre des catégories suivantes:
est-ce pour moi une valeur/préférence?
est-ce pour moi une valeur/référence?
est-ce pour moi une valeur confuse sur laquelle je ne peux me prononcer?
Il est à noter que certaines valeurs peuvent apparaître à la fois comme préférence et comme référence.

Liste de quelques valeurs	**Préférence**	**Référence**	**Confusion**
La compétition			
La liberté			
Le respect de l'autorité			
La famille			
Le sens du devoir			
L'égalité des droits			
Le sens des autres			
L'harmonie			
L'avoir			
Le respect de la discipline			
La responsabilité			
La tolérance			
L'individualisme			
La dépendance			
L'amitié			
Le respect de soi			
L'individualité			
Le partage			
L'épanouissement			
L'autoritarisme			
L'indépendance			
L'ordre			
La rivalité			
L'effort			
La suprématie			
L'excellence			
L'amour			
L'altruisme			
La soumission			
La solidarité			
La démocratie			
La sécurité			
L'autonomie			
Le travail			
La justice			
Le conformisme			
Etc.			

Exploitation de l'activité — **Réactions à quelques valeurs**

Le tableau de l'activité #2 a été rempli spontanément. C'était la démarche de cet outil. Maintenant, il s'agirait de réfléchir sur ce qui apparaît dans ce pointage spontané.

1. Certaines valeurs sont-elles confuses pour vous dans la définition même ? Comment régler cette confusion ?

2. Pouvez-vous nommer des gestes concrets que vous posez pour prétendre que certaines valeurs sont à la fois des *préférences* et des *références* pour vous ?

3. Comment expliquez-vous les éléments de confusion ? Sont-ils nombreux ?

4. Quelle sera votre prochaine action dans ce processus d'auto-analyse ?

Période	*Titre*	*Outil/CIF*
Exploration	**Le pouvoir des valeurs**	**# 3**

S'analyser par rapport à ses valeurs personnelles peut nous permettre de saisir s'il existe dans notre vie une cohérence entre nos gestes et notre discours. Ce terme est ici utilisé dans le sens des valeurs que nous sommes prêts à défendre, à tout le moins au niveau des idées. Il peut y avoir un écart plus ou moins grand entre nos gestes et ce discours.

Le pouvoir premier des valeurs est de nous mettre sur la piste de cette recherche d'une plus grande cohérence entre nos gestes et nos valeurs/préférences.

À partir du cas ci-après, vous pouvez essayer de tenter de découvrir certains indices de cohérence ou d'incohérence chez cet individu.

Le cas de Paul

Paul estime que la société est faite d'un ensemble d'individus qui devraient chercher à s'aider mutuellement pour faire face aux exigences de la vie. L'individualisme n'a pas sa place dans ce monde complexe et injuste pour certaines couches de la population. Il juge que chacun a la responsabilité d'offrir ses services à des organismes qui font la promotion de la solidarité et du partage. Il milite lui-même dans ces organisations et il en parle souvent à ses enfants car, pour lui, l'éducation à certaines valeurs doit commencer très jeune.

Un jour qu'il discute avec ses enfants de ces problèmes, le plus jeune en profite pour dire son chagrin parce qu'on lui a remis dans un état lamentable deux livres, qu'il avait prêtés à des camarades d'école. De plus, l'enfant se plaint que seulement quelques-uns apportent des livres à l'école pour en faire profiter les autres. Paul est étonné de ce fait, car il ignorait que l'enseignant de son enfant avait demandé de faire ces échanges. Il examine les livres en question et ils sont effectivement dans un état lamentable. Il se console en pensant que son enfant en possède un très grand nombre et que ceux-ci sont moins intéressants que certains autres.

Durant la soirée, Paul écrit une lettre à l'enseignant en question qui est basée sur quatre points :

— il aurait aimé être informé de cette politique ;

— son enfant n'apportera plus de livres à l'école à cause des dommages à la propriété ;

— il ne peut accepter que son enfant ait du chagrin pour une telle bagatelle ;

— il souhaite que l'enseignant établisse des règles de fonctionnement vis-à-vis de cette politique pour que tous et chacun puissent faire leur part.

Le lendemain, il montre la lettre à son enfant, qui est heureux de la prise de position de son père. Celui-ci explique qu'un jour, les autres développeront le sens de la responsabilité et qu'il sera alors plus facile d'offrir aux autres une collaboration sur les problèmes qui les confrontent. L'enfant ne pose pas une question et part heureux pour l'école en disant à son père qu'il a mis à la poubelle les deux livres en question.

Exploitation de l'activité

Le pouvoir des valeurs

L'atelier # 3 vous demandait de tenter de découvrir certains indices de cohérence ou d'incohérence dans le sommaire du cas de Paul.

1. Quelles sont vos principales réactions face à ce cas?

2. Avez-vous déjà vécu personnellement une situation semblable? Qu'avez-vous fait?

3. Comment arrivez-vous à cerner les cohérences et les incohérences de Paul ?

4. Quelle sera votre prochaine action dans le cadre de ce processus d'auto-analyse ?

Période	*Titre*	*Outil/CIF*
Exploration	**Le cas d'une organisation**	**# 4**

À la page 27, un texte intitulé «LA CONTRAINTE DES ESPRITS» est présenté. Il servait à illustrer un cas d'incohérence dans la conduite d'une organisation.

Reprenons certains éléments de ce cas et tentons d'examiner les écarts entre les gestes et le discours. À vous de réagir à ces questions.

Quelques éléments pour réagir à ce cas:

1. Que pensez-vous des phénomènes inquiétants relevés par les deux commissaires?
2. Que pensez-vous de la décision d'autorité que toutes les écoles doivent poursuivre un «projet éducatif chrétien»?
3. Que pensez-vous du dilemme des parents? Y a-t-il un dilemme?
4. Que pensez-vous de la solution des parents?
5. Que pensez-vous de la réaction des commissaires à la démarche des parents?
6. Que pensez-vous de la décision des commissaires en ce qui concerne cette école dite expérimentale?
7. Comment réagissez-vous au texte des trois derniers paragraphes?

Il serait intéressant de tenter de réécrire un scénario dans lequel tous les partenaires de ce projet auraient été en plus grande cohérence avec les valeurs qu'il souhaitent promouvoir.

À vous de jouer.
Quel serait, selon vous, un développement plus acceptable des valeurs souhaitées dans ce milieu et ce, tant chez les parents que dans l'organisation?

Si vous faites cet atelier avec d'autres, il serait intéressant d'écrire un scénario individuel et ensuite de confronter vos positions.

Exploitation de l'activité

Le cas d'une organisation

Le cas décrit dans le texte «La contrainte des esprits» et l'atelier #4 qui vous permet de l'analyser, peut ressembler à des situations que vous avez vécues dans le contexte de vos relations avec une ou des organisations.

1. Pouvez-vous décrire une situation vécue qui exprime bien le problème de la contrainte dans la promotion de certaines valeurs ?

2. Comment avez-vous réagi dans une telle situation ? Qu'est-ce qui était confrontant pour vous ? Quelle(s) valeur(s) étai(en)t remise(s) en question pour vous ?

3. Vous vivez constamment à l'intérieur de diverses organisations, pouvez-vous cerner si les valeurs de celles-ci sont en adéquation avec les vôtres ? En d'autres mots, votre logique privée est-elle compatible avec la logique publique de votre milieu ? Quels faits vous permettent de porter ce regard critique ?

4. Quelle sera votre prochaine action dans ce processus d'auto-analyse ?

Période	*Titre*	*Outil/CIF*
Exploration	**Nos réactions au dilemme liberté/sécurité**	**# 5**

Le présent ouvrage présente comme des méta-valeurs de notre société contemporaine la liberté et la sécurité. Une méta-valeur peut s'entendre dans le sens d'une valeur qui englobe d'autres valeurs. Dans les faits, une méta-valeur influence ou nuance nos autres valeurs. Elle est englobante et influente. De plus, dans la société actuelle, elle nous préoccupe plus que les autres.

Pistes de travail

1. Est-ce que j'accepte le sens donné à la sécurité dans cet ouvrage?
2. Est-ce que j'accepte le sens donné à la liberté dans cet ouvrage?
3. La liberté, c'est quoi dans ma vie actuelle?
4. La sécurité, c'est quoi dans ma vie quotidienne?
5. Comment vis-je l'une et l'autre dans ma quotidienneté?
6. Si j'avais à me situer par rapport à ce dilemme, comment le ferais-je spontanément?

LIBERTÉ TOTALE SÉCURITÉ TOTALE

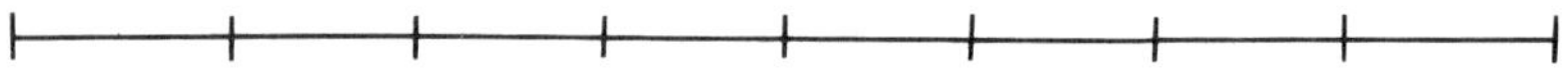

6. Puis-je donner des exemples de gestes concrets qui permettraient de justifier cette situation relative sur l'échelle précédente?
7. Qu'est-ce qu'apporte la liberté dans la quotidienneté?
8. Qu'est-ce qu'apporte la sécurité dans la quotidienneté?
9. Pouvez-vous décrire quelqu'un de votre entourage qui assume une liberté très grande? Qu'est-ce que vous aimez chez cette personne? Qu'est-ce que vous n'aimez pas chez cette personne?

10. Pouvez-vous décrire quelqu'un de votre entourage qui assume une sécurité très grande? Qu'est-ce que vous aimez chez cette personne? Qu'est-ce que vous n'aimez pas chez cette personne?

Selon vous, vaut-il la peine d'investir des énergies pour tenter de résoudre ce dilemme?

Exploitation de l'activité

Nos réactions au dilemme liberté/sécurité

La liberté et la sécurité sont explorées dans l'activité #5 par rapport à votre compréhension de ces deux valeurs. Également, elles sont explorées à travers votre quotidienneté.

1. Quelles sont les principales constatations que vous faites par rapport à ces deux valeurs ou par rapport à cette méta-valeur?
   sur vous-même...
   sur votre entourage...

2. À l'item 6 de l'activité, vous vous êtes situés spontanément par rapport au dilemme liberté/sécurité, maintenant après la réflexion et l'analyse comment vous situez-vous?

LIBERTÉ TOTALE — SÉCURITÉ TOTALE

|——|——|——|——|——|——|——|——|

3. Quelles sont les questions que vous vous posez par rapport à ce dilemme? Comment les résoudre?

4. Quelle sera votre prochaine action dans le cadre de ce processus d'auto-analyse?

Période	*Titre*	*Outil/CIF*
Exploration	**Le terrain de l'analyse**	**# 6**

Le processus d'analyse est fondamental dans une clarification des valeurs. C'est par ce processus que nous pourrons saisir et comprendre les valeurs qui sont pour nous des préférences et des références. L'analyse procède d'une collecte de faits ; il s'agit d'en faire une lecture discernante.

Cet atelier vous propose de revoir le processus d'analyse pour en saisir les diverses facettes. Il s'agira pour vous de mieux articuler votre compréhension de ce processus, suite à la lecture du début du chapitre troisième.

Il s'agit pour vous de reconstruire la logique inhérente à un processus d'analyse. Vous trouverez ci-après une série de mots en désordre. Il s'agirait de les replacer dans un tableau ou un schéma pour que visuellement vous puissiez cerner les liens entre les diverses composantes de l'analyse.

cadre d'analyse	subjectivité	objectivité
auto-analyse	exo-analyse	réflexion
comprendre	réalité brute	sens
faits observables	collecte	prise de conscience
implication	outils	durée
bilan	pairs	rigueur
temps opportun	action	réaction
vécu	prise de décision	apprentissage

Il serait intéressant de confronter votre tableau-synthèse ou votre schéma à :

— ceux présentés dans le présent ouvrage pour examiner les ressemblances et les différences ;

— ceux préparés par d'autres personnes de votre entourage qui entreprennent une démarche similaire.

Suite à cette démarche, il est à conseiller de faire une liste des interrogations que vous avez par rapport à l'analyse réflexive pour pouvoir ensuite relire certains passages ou encore fouiller dans d'autres ouvrages en référence. Il s'agit là pour vous de faire certains apprentissages par rapport à ce processus d'analyse réflexive.

Exploitation de l'activité

Le terrain de l'analyse

L'activité #6 favorise une exploration du processus d'analyse qui est la base de cet ouvrage.

1. Quel est l'aspect fondamental pour vous dans une auto-analyse ?

2. À la suite de cette activité et à la suite de la lecture des données incluses dans ce livre, votre compréhension de l'analyse a-t-elle changé ? En quoi ?

3. Comment allez-vous chercher à résoudre les questions listées à la fin de l'activité ?

4. Quelle sera votre prochaine action dans ce processus d'auto-analyse ?

Période	*Titre*	*Outil/CIF*
Exploration	**Le jeu de la préférence**	**# 7**

Quatre personnages sont décrits dans cet atelier. Vous tentez d'établir votre ordre de préférence personnelle. Le choix 1 indique la personne que vous préférez tandis que le choix 4 indique celle que vous aimez le moins. En plus, vous tentez de donner les raisons qui motivent vos choix.

Pierre

Pierre soutient que la société est basée sur la compétition et sur l'individualisme. Pour lui, il est important de calquer nos comportements sur ces deux valeurs si nous voulons être heureux. Dans la vie, il n'y a pas de place pour les rêveurs. La société est ainsi faite et elle est ainsi depuis toujours. Dans la vie, il n'y a de la place que pour les combatifs qui pensent avant tout à ce qui les avantage.

Marthe

Marthe soutient que les valeurs changent tous les jours et qu'au fond il est plus important de vivre au jour le jour que de chercher à se donner des orientations qui nous engagent trop. L'être humain est fluctuant dans ses opinions ; il est donc inutile de chercher la cohérence. Toutes les valeurs sont bonnes ; alors, pourquoi se forcer à faire des choix que nous pourrions regretter par la suite ?

Josée

Josée soutient que la société nous fait assumer des valeurs qui détruisent les qualités de l'être humain. La compétition nous oblige à ne pas respecter les autres et, par le fait même, elle nous rend mesquins et opportunistes. Pour elle, il faut vivre dès maintenant des valeurs qui sont plus valorisantes pour l'être humain. Elle tente dans sa quotidienneté de vivre par des gestes concrets le partage et la tolérance. Les individus sont uniques et il est important de ne pas détruire cette individualité.

André

André soutient que nous n'avons pas à tenir compte des valeurs dominantes dans la société. L'important est de choisir ses propres valeurs et d'agir en conséquence. La société est une chose abstraite qui est difficile à cerner. L'important, ce sont nos choix et tant pis si cela va en contradiction avec les valeurs dominantes. À chacun son choix.

Votre préférence personnelle	Vos raisons
Choix 1 Choix 2 Choix 3 Choix 4	

Exploitation de l'activité — **Le jeu de la préférence**

La préférence est l'un des aspects d'une démarche de clarification des valeurs.

1. Le premier choix que vous avez fait vous ressemble-t-il ? En quoi ?

2. Quelles sont les différences marquées entre le premier choix fait et le cas placé en quatrième position ?

3. Avez-vous eu de la difficulté à placer certains cas ? Pourquoi ?

4. Quelle sera votre prochaine action dans ce processus d'auto-analyse ?

Période	*Titre*	*Outil/CIF*
Exploration	**Observer les autres**	**# 8**

L'analyse réflexive passe par une collecte de faits. Cet atelier veut vous permettre de faire l'apprentissage de la collecte des faits. Pour ce faire, il vous sera possible d'observer une ou des personnes.

Quelques précisions sur la collecte des faits:

1. Il s'agit ici de procéder par observation directe pour effectuer cette collecte de faits.
2. Un fait est la description d'une réalité observable.
3. Chacun des faits doit être noté individuellement. Ne pas inclure plusieurs faits dans la même écriture.
4. L'écriture du fait observé ne doit pas contenir de jugement. Dans la note 1, il y a un jugement. Dans la note 2, le fait est rédigé à partir de ce qui est observable.
   Note 1. Jean crie trop souvent après ses enfants.
   Note 2. Jean rappelle trois fois à ses enfants de ranger leur chambre. Dans chacun des cas, il élève la voix. Il donne un ordre.
   (Dans cette note, trois faits sont observés.)
5. Il est préférable lorsque l'on fait l'apprentissage de la technique de la collecte des faits de tout noter, même s'il nous faut faire par la suite un tri.
6. Il est préférable de noter plutôt que de tout conserver en mémoire.

En faire l'apprentissage

Voici une démarche que vous pourriez utiliser pour faire l'apprentissage de la collecte des faits. Cet apprentissage vous sera utile lorsque vous procéderez à votre auto-analyse.

1. Vous choisir une ou des personnes à observer. Vous pouvez observer des gens de votre entourage ou, tout simplement, des gens dans un endroit public: petite réunion, terrain de jeu, échange dans un restaurant, etc...
2. Vous vous donnez un temps d'observation.
3. Vous procédez à l'observation de la situation.
4. Après la période d'observation, vous procédez à la rédaction des faits, dans l'ordre chronologique de leur déroulement.

5. Vous tentez de cerner ce qui a été facile et ce qui a été difficile dans votre travail.
6. Si vous faites le travail avec des pairs, vous pouvez tenter de confronter vos notes pour mieux saisir la pratique de la collecte des données.
7. Vous répétez l'expérience si vous le jugez nécessaire.

Devenir observateur

Il est important de développer notre sens de l'observation pour pouvoir saisir la richesse de la réalité. Trop souvent, nous avons de la difficulté à voir la réalité, le vécu. Il est nécessaire de pouvoir observer pour nous permettre de lire la réalité quotidienne.

Exploitation de l'activité

Observer les autres

L'activité #8 veut favoriser un apprentissage personnel de la collecte des faits?

1. Comment avez-vous vécu cet apprentissage? Les facilités et les difficultés?

2. Votre perception de la réalité a-t-elle été modifiée suite à votre travail de collecte des données?

3. Quelles sont les ambiguïtés que vous avez par rapport à la collecte des données?

4. Quelle sera votre prochaine action dans ce processus d'auto-analyse?

Période	*Titre*	*Outil/CIF*
Exploration	**Les valeurs dans l'information**	**# 9**

Chaque jour, les journaux rapportent une foule d'événements. Ceux-ci sont vécus dans différents milieux et ils ont une influence directe ou indirecte sur notre vie. Ces événements reflètent, avec plus ou moins d'évidence, certaines valeurs.

Cet atelier veut permettre de faire une lecture de ces événements à la lumière de l'analyse des valeurs.

La démarche proposée:

1. Choisir un journal que vous lisez régulièrement.
2. Lire les titres et, chaque fois que cela est possible, y accoler une ou des valeurs.

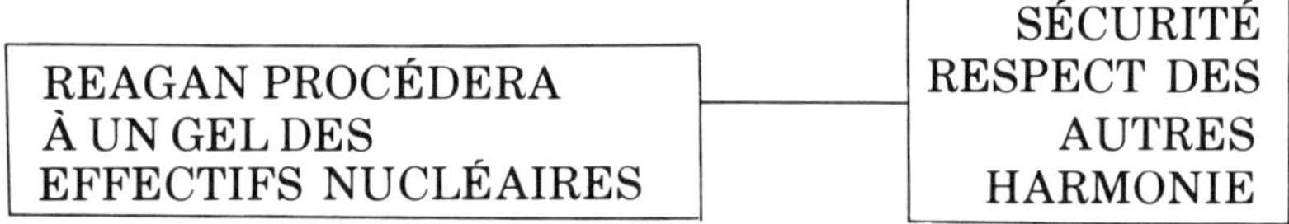

Pour faire cet étiquetage, vous pourriez vous inspirer de la liste incluse dans l'atelier # 2.

3. Lire le contenu de l'article et chercher des faits qui confirment ou infirment votre première classification.

Reagan annonce que le gel des effectifs entrera en vigueur le jour où les effectifs américains auront dépassé ceux de l'Union soviétique, car ceux-ci sont actuellement en avance sur les pays de l'Ouest.	SUPRÉMATIE

4. Confronter votre première classification à l'article 2 et celle faite à l'article 3.
   Vos réactions.
   Vos commentaires.
5. Reprendre l'atelier en partant d'événements locaux, régionaux et internationaux.

Exploitation de l'activité

Les valeurs dans l'information

L'activité #9 fait prendre conscience que les valeurs se retrouvent à travers une foule d'événements quotidiens.

1. Avez-vous changé votre façon de percevoir les actualités ?

2. Pensez-vous que les titres des articles des journaux peuvent modifier le sens des informations réelles ?

3. Quels titres vous accrochent dans un journal ? Pourquoi ?

4. Quelle sera votre prochaine action dans ce processus d'auto-analyse ?

Période	*Titre*	*Outil/CIF*
Exploration	**Les valeurs dans l'information sportive**	**# 10**

Vous trouverez ci-joint cinq titres pris dans le même quotidien. Vos premières réactions.

ILS ONT PERDU QUATRE FOIS DEPUIS LE DÉBUT DES HOSTILITÉS DU CALENDRIER.

UNE TRIOMPHALE VICTOIRE.

ENCORE UNE DÉFAITE ET C'EST LE RENVOI POUR L'INSTRUCTEUR.

UNE PARTIE ENNUYANTE, SANS COMBATIVITÉ.

UN VÉRITABLE MASSACRE.

Vous pouvez prendre le journal d'aujourd'hui ou encore écouter le journal sportif télévisé et voir si ces nouvelles sont éphémères ou si elles reflètent une tendance.

Exploitation de l'activité

Les valeurs dans l'information sportive

On prétend souvent que le sport est une activité de détente. Cependant nous pouvons constater que même ces activités ne sont pas neutres. Elles cachent un message qui traduit certaines valeurs.

1. Vos observations confirment-elles une généralisation des valeurs qui sont cachées dans les titres mentionnés dans l'activité #10?

2. Ces valeurs sont-elles des préférences et des références pour vous? Quels faits peuvent confirmer cette situation?

3. Que pensez-vous de cette phrase: « Il s'agit plutôt d'apprendre à compétitionner par rapport à soi-même »? Est-ce possible dans des faits concrets?

4. Quelle sera votre prochaine action dans ce processus d'auto-analyse?

Période	*Titre*	*Outil/CIF*
Exploration	**Une liste de propos**	**# 11**

Lors d'une réunion d'un club social, les propos suivants ont été notés. Ils peuvent refléter un système de valeurs :

— L'important, c'est de financer une activité qui nous fait de la publicité.
— Non pour moi, l'important c'est de respecter notre mission, à savoir une meilleure vie pour les délinquants.
— J'aimerais savoir qui a vendu le plus de billets pour le tirage, l'an dernier. On pourrait alors lui décerner une plaque de mérite et remettre un trophée semblable chaque année.
— Nous pourrions également créer un concours annuel.
— Au prix que nous payons pour être membres de ce club, nous pourrions avoir un menu plus élaboré lors de nos rencontres.
— Deux nouveaux membres veulent participer à la campagne de financement. Nous pourrions les nommer responsables. Nous pourrions alors connaître leurs capacités.
— Non, il revient au président de s'occuper de la campagne.
— Nous sommes trop sérieux lors de nos rencontres. Il faudrait nous amuser un peu. Tout de même, après une journée de travail...
— Celui qui vend le plus grand nombre de billets pourrait être nommé président d'honneur pour l'année. Ce serait stimulant de faire de la vente dans ce contexte.
— Le président provincial viendra le mois prochain nous parler d'une campagne de valorisation de notre mouvement pour favoriser une augmentation des cotisants.
— Le président va-t-il parler des projets à venir en rapport avec nos objectifs à long terme ?
— Cela pourrait faire partie d'une prochaine rencontre.

VOS RÉACTIONS À CES PROPOS.
COMMENT RÉAGISSEZ-VOUS DANS DES SITUATIONS SEMBLABLES ?
EN QUOI ÊTES-VOUS D'ACCORD ?
EN QUOI ÊTES-VOUS EN DÉSACCORD ?

Exploitation de l'activité

Une liste de propos

À la fin de l'activité # 11, vous avez analysé vos réactions par rapport aux propos tenus lors de cette rencontre d'un club social?

1. Vous pouvez déceler quelles valeurs dans cet ensemble de propos? Quels sont les faits qui justifient votre analyse?

2. Ces valeurs sont-elles des préférences et des références pour vous? Quels faits peuvent confirmer cette situation?

3. Quelles images projettent habituellement ces clubs sociaux dans le public? Ont-elles des liens avec les propos tenus lors de l'assemblée citée à la page précédente?

4. Quelle sera votre prochaine action dans ce processus d'auto-analyse?

Période	*Titre*	*Outil/CIF*
Exploration	**Grille des conséquences**	**# 12**

Si vous aviez à choisir des valeurs à promouvoir et à assumer, il faudrait que vous examiniez les conséquences de ces choix sur votre vie.

Cet atelier veut vous permettre d'explorer ces conséquences. Certaines valeurs y sont présentées; il s'agit d'explorer les conséquences à court terme et à long terme de ces valeurs.

Les valeurs retenues ne sont là qu'à titre d'exemples. Vous pourriez les remplacer par d'autres qui vous semblent plus signifiantes. Le court terme est pris dans le sens de la prochaine année et le long terme d'ici quatre ou cinq ans.

Si cette valeur devient une référence pour moi dans ma vie	**Conséquences dans ma vie personnelle**	
	À court terme	**À long terme**
La compétition		
La liberté		
L'individualisme		
L'excellence		
L'effort		
La démocratie		
La responsabilité		
La rivalité		
Le partage		
L'avoir		
Le respect de l'autorité		
La solidarité		
La dépendance		
Le sens des autres		
L'individualité		

Exploitation de l'activité

Grille des conséquences

L'activité #12 favorise une exploration des conséquences de certaines valeurs lorsqu'elles sont des références pour un individu.

1. Quelles sont vos réactions par rapport au tableau que vous avez rempli?

2. Certaines de ces valeurs sont-elles des références pour vous à l'heure actuelle? Quels faits expliquent cette situation?

3. Prenez-vous conscience que certaines valeurs ont des conséquences que vous ne pouvez pas accepter?

4. Quelle sera votre prochaine action dans le cadre de ce processus d'analyse?

Période	*Titre*	*Outil/CIF*
Exploration	**Les valeurs dominantes**	**# 13**

Quatre descriptions sont présentées dans cet atelier. Il s'agit en fait de percevoir les éléments de la logique publique qui dominent notre environnement. Ces descriptions pourraient être étoffées par des exemples tirés de votre milieu, lesquels serviraient à illustrer la pertinence de chacune des descriptions.

Les descriptions	**Les illustrations tirées de votre milieu**
La société est dominée par la compétition et l'individualisme. Les devises comme « le plus fort l'emporte » et « chacun pour soi » sont essentielles pour vivre heureux.	
La société est partagée entre un grand nombre de valeurs qui cohabitent sans aucune difficulté. Tous sont libres et chacun peut aller vers ses préférences sans aucune pression sociale.	
La société commence à proposer des valeurs innovatrices, c'est-à-dire qu'elles sont bien acceptées mais pas encore vécues par la majorité. Le partage et la solidarité sont des valeurs qui sont vécues de plus en plus et qui sont de plus en plus présentes dans les préoccupations de la collectivité.	
La société revient progressivement à des valeurs dites traditionnelles comme la famille, le respect de l'autorité, le respect de la discipline et l'ordre social. Il s'agit d'un mouvement irréversible et souhaitable.	

Exploitation de l'activité

Les valeurs dominantes

Les descriptions présentées à l'activité #13 peuvent vous permettre de discuter des valeurs qui sont dominantes dans notre société contemporaine.

1. Selon vous laquelle des quatre descriptions correspond le plus à notre société actuelle? Pourquoi?

2. Selon vous laquelle des quatre descriptions correspond le moins à notre société actuelle? Pourquoi?

3. Comment réagissez-vous à vos prises de position?

4. Quelle sera votre prochaine action dans ce processus d'auto-analyse?

Période	*Titre*	*Outil/CIF*
Exploration	**Un discours sur les valeurs**	**# 14**

Cet atelier est basé sur un effort d'imagination et d'invention. Vous tentez de faire passer votre message personnel.

Vous devenez premier ministre de votre pays. Votre premier geste est de prononcer un discours qui propose un nouveau contrat social à vos commettants. Vous souhaitez qu'à l'avenir votre pays se dirige vers des valeurs claires et que les décisions gouvernementales les favorisent.

1. Comment jugez-vous la situation actuelle?
2. Quels sont les arguments qui vous poussent à remettre en question cette situation?
3. Que proposez-vous comme contrat social?
4. Pourquoi ce contrat? Qu'apporte-t-il de plus? Qui le réalisera?
5. Quelles sont les valeurs qu'il véhicule?
6. Quels seront les gestes à poser pour qu'il se réalise et que ces valeurs pénètrent votre société?
7. Quels seront les arguments des opposants à ce contrat social? Comment y répondre?
8. Etc.

Après avoir rédigé votre exposé, vous pourriez voir dans votre entourage s'il existe actuellement des éléments qui permettraient de dire que votre projet de contrat social est déjà assumé par un certain nombre de personnes et d'organismes.

Seriez-vous disposé(e) à poser certains gestes pour que ce projet se réalise?
Lesquels?
Pourquoi?
Avec qui?
Quand?

Quel genre de promotion seriez-vous disposé(e) à faire pour faire connaître ce projet?

Exploitation de l'activité

Un discours sur les valeurs

En écrivant ce discours, vous avez sûrement fait état de vos préférences au niveau des valeurs.

1. Pouvez-vous faire la liste des valeurs/préférences qui se retrouvent dans votre discours ?

2. Seriez-vous favorable de vous impliquer dans un organisme qui ferait la promotion de ces valeurs ?

3. Jusqu'à quel point pourriez-vous aller dans votre implication ?

4. Quelle sera votre prochaine action dans ce processus d'auto-analyse ?

Période	*Titre*	*Outil/CIF*
Exploration	**Les niveaux de cohérence et d'incohérence**	**# 15**

Pourriez-vous donner des exemples personnels pour illustrer les quatre énoncés qui figurent dans le tableau suivant?

Énoncés	**Les illustrations tirées de ma vie personnelle**
Il peut y avoir écart ou non entre ce que je pense et ce que je fais.	
Il peut y avoir écart ou non entre ce que je pense faire et ce que je fais effectivement.	
Il peut y avoir écart ou non entre ce que je voudrais penser et ce que je peux faire effectivement.	
Il peut y avoir écart ou non entre ce que la société demande et ce que je fais et pense.	

À partir de ces quatre énoncés et de leurs illustrations, pouvez-vous dresser une liste des interrogations, des commentaires et des prises de conscience qui se dégagent dans votre cas?

Exploitation de l'activité

Les niveaux de cohérence et d'incohérence

La tension qui s'établit entre nos valeurs/préférences et nos valeurs/références peut amener des cohérences et des incohérences dans notre vie quotidienne.

1. Comment réagissez-vous au phénomène de la cohérence?

2. La cohérence et l'incohérence peuvent-elles avoir des influences sur votre vie et sur les choix à faire?

3. La cohérence et l'incohérence peuvent-elles avoir des influences sur votre relation avec les autres?

4. Quelle sera votre prochaine action dans ce processus d'autoanalyse?

Période	*Titre*	*Outil/CIF*
Exploration	**Intégration verticale de l'exploitation**	**# 16**

Au cours de la période d'exploration, vous avez entrepris une démarche qui était reliée à vos choix entre divers ateliers de travail. Il s'agit ici de faire un premier bilan de ces actions. Cette démarche de bilan vous permettra de faire le point et de tenter d'intégrer les diverses explorations que vous avez faites.

Certaines pistes sont présentées. À vous de répondre à celles qui vous aideront à mieux poursuivre votre démarche.

Bilan

1. Liste des ateliers vécus à fond.
2. Liste des ateliers vécus d'une façon superficielle.
3. Pouvez-vous dresser une liste de vos prises de conscience dans chacun des ateliers que vous avez vécus?
4. Quelles sont les informations que vous avez acquises durant cette période de travail?
   sur vous-même?
   sur le monde qui vous entoure?
   sur le concept même de valeur?
   etc.
5. Pouvez-vous dresser la liste des interrogations que vous avez après cette période d'exploration?

Nouvelles actions d'exploration

6. Suite au bilan que vous venez de faire, quelles sont les nouvelles actions d'exploration que vous pourriez faire?
   refaire certains ateliers proposés?
   en modifier quelques-uns pour les approfondir?
   relire certains passages du volume?
   fouiller dans d'autres ouvrages?
   etc.
7. Lesquelles de ces actions vais-je entreprendre avant de passer à la période de SAISIE DES VALEURS?

Après avoir complété cet atelier d'intégration et réalisé les nouvelles actions d'exploration, il s'agira pour vous d'examiner l'ensemble des ateliers de SAISIE DES VALEURS et de commencer à faire vos choix.

QUELQUES OUTILS POUR SAISIR SES VALEURS

Période
Saisir
ses valeurs **Liste des outils/CIF** **N°s 17 à 35**

Les titres	**Les intentions de l'activité/outil**
17. Description de sa routine de travail	Une analyse quantitative et qualitative de sa routine au travail.
18. Description de sa routine de vie	Une analyse quantitative et qualitative de sa routine de vie.
19. Nos satisfactions dans notre routine	Description et analyse d'une journée satisfaisante.
20. Nos insatisfactions dans notre routine	Description et analyse d'une journée insatisfaisante.
21. Interrogations sur la routine	Analyse d'une liste d'opinions sur la routine.
22. Le traitement de nouvelles expériences	Analyse d'une expérience nouvelle vécue récemment.
23. La recherche de nouvelles expériences	Analyse de la fermeture et de l'ouverture aux expériences nouvelles.
24. Que faire face à de nouvelles expériences	Vos réactions aux cas de trois personnes.
25. Ma recherche de nouveaux contacts	Analyse de la fermeture et de l'ouverture face aux nouveaux contacts.
26. Mon rejet de certains nouveaux contacts	Analyse d'une personne que vous rejetez.
27. Les valeurs chez mes pairs	Analyse des gestes et des valeurs de vos pairs.
28. Mes rejets chez mes pairs	Analyse des gestes et des valeurs de pairs que vous ne pouvez pas accepter.
29. Les moments importants de ma vie	Retour et analyse de certains événements et des remises en question.
30. Une analyse de mes désirs	Inventaire des désirs/aspirations.
31. Une description de mes certitudes	Analyse des certitudes et de l'impact sur votre cheminement.
32. Une description de mes incertitudes	Analyse des incertitudes et de l'impact sur votre cheminement.
33. Ma manière de décider	Analyse de votre mécanique de prise de décision.
34. Des gestes/des valeurs	Juxtaposition de valeurs et analyse des gestes.
35. Intégration verticale	Bilan des apprentissages, des valeurs...

Période	*Titre*	*Outil/CIF*
Saisir ses valeurs	**Description de sa routine de travail**	**# 17**

La routine est un des éléments de la quotidienneté. Elle fait partie intégrante de notre vie et elle est, à différents moments, plus ou moins satisfaisante.

Cet atelier veut permettre d'effectuer une description de cette routine au niveau du travail.

Pistes de travail

1. Faire la description d'une journée type de votre travail:

- horaire
- liste des activités
- la nature de ces activités
- les temps forts
- les temps faibles
- les déplacements
- les rencontres nécessaires
- les relations avec les pairs
- les décisions à prendre
- etc.

Décrire à l'aide de faits
et non pas par
des appréciations

2. Répondre aux interrogations suivantes:
   - Depuis quand faites-vous ce travail?
   - L'avez-vous choisi? Pour quelles raisons?
   - Dans une journée type, quel est le moment que vous appréciez le plus?
   - Dans une journée type, quel est le moment que vous appréciez le moins?
   - Pouvez-vous décrire l'ambiance générale à votre travail par des termes comme *chaude, froide, anonyme*, etc.?
3. Choisir trois qualificatifs qui définissent votre routine au travail:
   - emballante
   - riche
   - pauvre
   - acceptable
   - frustrante
   - diversifiée
   - ennuyante
   - valorisante
   - stimulante
   - terne
   - démoralisante
   - déconcertante
4. Le temps de travail: une estimation.
   Dans une année, je passe combien de mon temps au travail:
   — moins de 20%
   — entre 20 et 30%
   — entre 30 et 40%
   — entre 40 et 50%
   — plus de 50%
5. Faire le lien entre les qualificatifs choisis à l'article trois et le pourcentage indiqué à l'article quatre.

Exploitation de l'activité

Description de sa routine de travail

L'activité # 17 permet de cerner l'un des éléments de la quotidienneté à savoir la routine.

1. Quelles sont vos réactions par rapport à l'ensemble des faits colligés dans l'activité ?

2. Comment pourriez-vous situer votre satisfaction par rapport à votre routine de travail ?

TRÈS SATISFAISANTE TRÈS INSATISFAISANTE

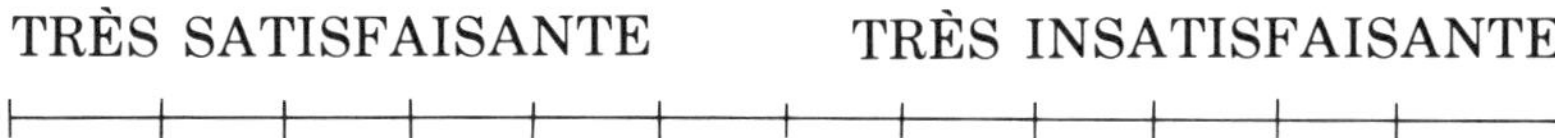

Quels faits peuvent justifier cette position sur cette échelle ?

3. Pourriez-vous faire une synthèse de votre routine de travail ?

4. Quelle sera votre prochaine action dans ce processus d'auto-analyse ?

Période	*Titre*	*Outil/CIF*
Saisir ses valeurs	**Description de sa routine de vie**	**# 18**

La routine est un des éléments de la quotidienneté. Elle fait partie intégrante de notre vie et elle est, à différents moments, plus ou moins satisfaisante. Cet atelier veut permettre d'effectuer une description de cette routine au niveau du temps utilisé à l'extérieur du travail.

Il faut entendre ici par «extérieur» le temps dont on dispose outre celui qu'on passe à effectuer un travail rémunéré ou pas. Ce temps de travail est lié aux tâches que nous avons à accomplir, compte tenu de notre statut et de notre rôle social.

Pistes de travail

1. Faire la description d'une journée type de votre vie à l'exclusion de votre temps de travail:
   - horaire
   - liste des activités
   - la nature de ces activités
   - les temps forts
   - les temps faibles
   - les déplacements
   - les rencontres nécessaires
   - les relations avec les pairs
   - les décisions à prendre
   - etc.

   Décrire à l'aide de faits et non pas par des appréciations

2. Répondre aux interrogations suivantes:
   - Combien de temps est véritablement à moi pendant cette période de la journée?
   - Quelles activités sont stimulantes pour moi?
   - Quelles activités sont pénibles pour moi?
   - Pouvez-vous décrire les relations avec vos pairs durant cette période de la journée par des termes comme *chaudes, froides, anonymes*, etc.?

3. Choisir trois qualificatifs qui définissent votre routine de vie à l'extérieur du travail:
   - emballante
   - riche
   - pauvre
   - acceptable
   - frustrante
   - diversifiée
   - ennuyante
   - valorisante
   - stimulante
   - terne
   - démoralisante
   - déconcertante

4. Votre temps à l'extérieur du travail: une estimation. Dans une année, je passe combien de temps à l'extérieur de mon travail à faire certaines activités:
   — moins de 20%
   — entre 20 et 30%
   — entre 30 et 40%
   — plus de 50%
5. Faire le lien entre les qualificatifs choisis à l'article trois et le pourcentage indiqué à l'article quatre.
   Vos réactions.

Exploitation de l'activité **Description de sa routine de vie**

L'activité #18 permet de cerner l'un des éléments de la quotidienneté à savoir la routine.

1. Quelles sont vos réactions par rapport à l'ensemble des faits colligés dans l'activité?

2. Comment pourriez-vous situer votre satisfaction par rapport à votre routine de vie? Quels faits peuvent justifier cette position sur l'échelle?

TRÈS SATISFAISANTE TRÈS INSATISFAISANTE

3. Pourriez-vous faire une synthèse de votre routine de vie?

4. Quelle sera votre prochaine action dans ce processus d'auto-analyse?

Période	*Titre*	*Outil/CIF*
Saisir ses valeurs	**Nos satisfactions dans notre routine**	**# 19**

La satisfaction est liée à des critères personnels. Ces critères sont souvent différents d'une personne à l'autre ; il devient alors difficile de comparer les degrés de satisfaction. Par contre, il est possible, sur une base individuelle, d'estimer notre satisfaction.

Cet atelier veut permettre d'effectuer une estimation de notre satisfaction par rapport à notre routine quotidienne et ce, tant au niveau de notre travail que des activités qui sont extérieures à celui-ci.

Pistes de travail

1. Je suis généralement satisfait(e) quand il se passe les choses suivantes dans ma journée :

2. Je suis généralement satisfait(e) de ma journée quand je peux prendre du temps pour faire les activités suivantes :

3. Je suis généralement satisfait(e) de ma journée quand je peux laisser tomber les activités suivantes :

4. Je décris une journée que j'ai vécue récemment et que je pourrais qualifier de très satisfaisante pour moi :

Exploitation de l'activité

Nos satisfactions dans notre routine

Vous êtes satisfait(e) d'une journée lorsqu'elle correspond à l'idée que vous vous faites de votre utilisation du temps.

1. Estimez-vous que vous avez une emprise suffisante sur votre temps disponible?

2. L'emprise sur votre temps disponible est-elle un critère important pour atteindre une plus grande satisfaction?

3. Dans les activités qui vous apparaissent satisfaisantes, pouvez-vous retrouver des constantes?

4. Quelle sera votre prochaine activité dans ce processus d'auto-analyse?

Période	*Titre*	*Outil/CIF*
Saisir ses valeurs	**Nos insatisfactions dans notre routine**	**# 20**

Il y a des jours où tout semble aller plus ou moins bien et qui, une fois terminés, nous laissent avec l'impression d'avoir réalisé bien peu de choses.

Pistes de travail

1. Je suis généralement insatisfait(e) quand il se passe les choses suivantes dans ma journée:

2. Je suis généralement insatisfait(e) de ma journée quand les événements m'empêchent de faire les activités suivantes:

3. Je suis généralement insatisfait(e) de ma journée quand elle débute de la manière suivante:

4. Je suis généralement insatisfait(e) de ma journée quand elle se termine de la manière suivante:

5. Je décris une journée que j'ai vécue récemment et que je pourrais qualifier de très insatisfaisante pour moi:

Exploitation de l'activité

Nos insatisfactions dans notre routine

Les insatisfactions peuvent nous mettre sur la piste des transformations qui nous semblent importantes pour améliorer notre routine.

1. Dans les activités qui vous apparaissent insatisfaisantes, pouvez-vous retrouver des constantes?

2. Faites la liste de vos principales insatisfactions et tentez de voir les actions à réaliser pour les transformer.

3. Avez-vous des raisons majeures qui vous empêchent de les transformer? Les autres ont-ils une influence dans ces empêchements?

4. Quelle sera votre prochaine action dans ce processus d'auto-analyse?

Période	*Titre*	*Outil/CIF*
Saisir ses valeurs	**Interrogations sur la routine**	**# 21**

Lors de diverses rencontres sur la clarification des valeurs, des participants ont émis les opinions suivantes sur la routine :

1. La routine n'est pas modifiable ; alors, il faut s'en accommoder.
2. La routine n'existe pas pour moi ; tout est un défi continuel.
3. La routine existe lorsque nous refusons de prendre des décisions sur le sens de notre vie.
4. La routine existe, mais elle est faite de situations stimulantes ; alors, elle n'est pas pénible.
5. La routine existera toujours à cause du travail. J'attends donc ma retraite ; tout sera alors différent.
6. La routine n'existe que 5 jours par semaine. Alors, il faut profiter au maximum de la fin de semaine.
7. La routine existe à cause de nos obligations.
8. La routine est la même pour tous : manger, dormir, travailler, se récréer.
9. La routine disparaît à partir du moment où nous nous permettons de rêver.
10. La routine est stimulante parce qu'elle est la continuité dans notre vie.

Pistes de travail

1. Dans cette liste d'opinions diverses, laquelle correspond le plus à la vôtre ? Pourquoi ?
2. Dans cette liste d'opinions diverses, laquelle correspond le moins à la vôtre ? Pourquoi ?
3. Pouvez-vous réécrire ces opinions pour qu'elles correspondent le plus possible aux vôtres ?
4. Suite à cette réécriture, quelles sont vos réactions ? Quelles sont les questions qui vous viennent à l'esprit ? Comment y répondre ?

Exploitation de l'activité

Interrogations sur la routine

Nos opinions peuvent cacher certains indices de notre façon d'envisager la vie et également d'envisager ce qu'il est convenu d'appeler la routine. Dans l'activité #21, il vous a été possible de traiter diverses opinions pour arriver à les transformer pour qu'elles correspondent aux vôtres.

1. Avez-vous repéré d'autres opinions dans votre entourage sur la routine?

2. Ces opinions influencent-elles les vôtres et surtout influencent-elles votre quotidienneté? En quoi?

3. Votre propre opinion sur la routine influence-t-elle l'intensité de votre quotidienneté? Pouvez-vous qualifier l'intensité de votre quotidienneté? Quels sont les faits qui illustrent cette intensité?

4. Quelle sera votre prochaine action dans ce processus d'auto-analyse?

Période	*Titre*	*Outil/CIF*
Saisir ses valeurs	**Le traitement des nouvelles expériences**	**# 22**

Une nouvelle expérience dans notre quotidien est un apport à notre croissance. Elle contribue à nous présenter la réalité sous de nouvelles facettes et elle peut provoquer la remise en question de certains éléments de notre routine. Une expérience peut être qualifiée de «nouvelle» dans la mesure où elle questionne notre quotidien. Elle est «nouvelle» parce qu'elle se différencie de notre logique habituelle et qu'elle devra faire l'objet d'une réflexion de notre part pour que nous puissions éventuellement la faire nôtre. Il s'agit là du traitement que nous faisons d'une nouvelle expérience.

Pistes de travail

1. Décrire une expérience récente que vous avez vécue, en utilisant les éléments suivants pour la cerner:
   - quand?
   - avec qui?
   - le déroulement
   - était-elle planifiée ou spontanée?
   - vos premières réactions
   - en quoi était-elle nouvelle pour vous?
   - quelles sont les principales questions que cette expérience a suscitées chez vous?
   - cette expérience deviendra-t-elle régulière dans votre vie?
   - etc.
2. Si vous aviez à qualifier cette expérience, lequel des termes suivants auriez-vous tendance à choisir?

- emballante
- déséquilibrante
- prenante
- satisfaisante
- questionnante
- facile
- fondamentale
- inquiétante
- provocante
- ambivalente
- insatisfaisante
- surprenante

3. Si vous aviez à revivre une expérience semblable, quelles sont les choses:
   — que vous aimeriez vivre d'une façon différente;
   — que vous aimeriez vivre de la même manière;
   — que vous aimeriez ne pas vivre;
   — que vous aimeriez «amplifier», c'est-à-dire développer davantage.
4. Après un certain temps de recul, pourriez-vous dire que:
   — Cette expérience était souhaitable pour vous?
   — Cette expérience était désirée par vous?
   — Cette expérience était un accident de parcours?
   — Cette expérience était isolée et non significative?

Exploitation de l'activité

Le traitement des nouvelles expériences

Notre croissance personnelle est souvent accélérée par les nouvelles expériences que nous vivons. Celles-ci s'insèrent harmonieusement dans notre cheminement. En d'autres temps, elles sont conflictuelles c'est-à-dire qu'elles bousculent nos valeurs.

1. Quelles sont vos réactions par rapport à l'ensemble des faits relatés dans l'activité #22?

2. Pouvez-vous déceler dans les faits relatés des indices qui vous permettent d'entrevoir de nouvelles valeurs/préférences? En quoi ces nouvelles expériences vous approchent de nouvelles valeurs/références?

3. Pensez-vous à un projet délibéré pour revivre des expériences similaires dans un proche avenir? Qu'apporterait ce projet délibéré à votre cheminement?

4. Quelle sera votre prochaine action dans ce processus d'auto-analyse?

Période	*Titre*	*Outil/CIF*
Saisir ses valeurs	**La recherche de nouvelles expériences**	**# 23**

Nous avons tous des attitudes de base par rapport au phénomène des nouvelles expériences. Pour les uns, il s'agit d'une attitude d'ouverture à tout ce qui peut contribuer à s'enrichir d'un nouveau vécu. Pour les autres, il s'agit d'une attitude de fermeture à toutes les situations qui peuvent provoquer des remises en question. Dans ce dernier cas, il est possible de constater que la recherche de la sécurité psychologique a la primauté sur la recherche de nouvelles expériences qui peuvent causer un déséquilibre temporaire. Ces attitudes ouverture/fermeture peuvent à la fois être présentes chez la même personne et jouer un rôle déterminant dans notre capacité d'entrer en relation avec les nouvelles expériences qui se présentent à nous dans notre vie quotidienne.

Pistes de travail

1. Parmi les six cas suivants, pouvez-vous dire lequel rejoint le plus votre manière d'être par rapport à la recherche de nouvelles expériences ?

Cas 1 Je suis attentif à toutes les nouvelles expériences qui se présentent dans mon environnement et je choisis celles qui méritent à mes yeux d'être vécues.

Cas 2 Je suis attentif à toutes les nouvelles expériences qui se présentent dans mon environnement et je vis toutes celles que le temps me permet, car je pense qu'il y a du positif dans tout et qu'il s'agit de l'intégrer à sa vie.

Cas 3 Je provoque dans ma vie des moments où je pourrais vivre des expériences nouvelles qui me plaisent ou encore qui, selon moi, doivent être tentées.

Cas 4 Je préfère développer ce que je vis maintenant que de me lancer les yeux fermés dans des expériences qui peuvent avoir des effets négatifs.

Cas 5 Je vis des nouvelles expériences dans la mesure où j'ai un certain nombre de garanties qu'elles seront positives pour moi.

Cas 6 Je m'éloigne des possibilités de vivre de nouvelles expériences. Je préfère continuer à vivre comme aujourd'hui puisque je suis satisfait de ma vie.

2. Le choix de l'un des cas précédents est sans nuance. À la lumière de ce premier choix, pouvez-vous décrire par écrit votre propre cas?
   Sur le continuum suivant, où auriez-vous tendance, spontanément, à vous situer?

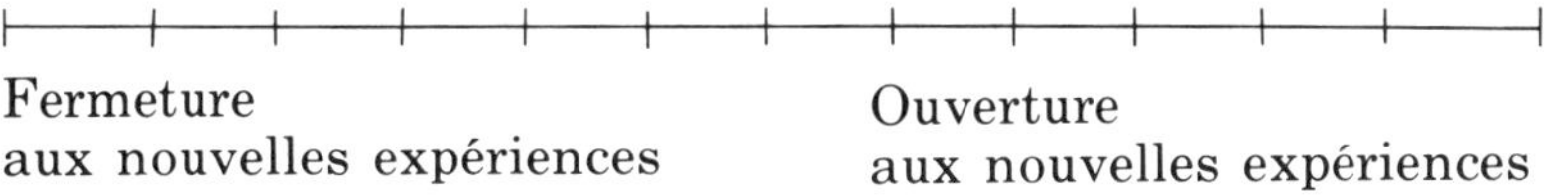

Fermeture aux nouvelles expériences — Ouverture aux nouvelles expériences

Exploitation de l'activité

La recherche de nouvelles expériences

Dans l'activité #23, vous pouviez décrire votre propre cas par rapport à votre manière d'être dans la recherche des nouvelles expériences.

1. Quelles sont vos réactions par rapport à votre position sur le continuum?

2. Pouvez-vous relater des faits qui permettent de mieux comprendre votre position sur le continuum?

3. Êtes-vous en mesure d'examiner les conséquences de cette situation sur votre cheminement personnel?
   La fermeture aux nouvelles expériences peut...
   L'ouverture aux nouvelles expériences peut...

4. Quelle sera votre prochaine action dans ce processus d'auto-analyse?

Période	*Titre*	*Outil/CIF*
Saisir ses valeurs	**Que faire face à de nouvelles expériences?**	**# 24**

Trois cas sont présentés ici. Il s'agit pour vous d'examiner vos réactions par rapport à ces cas et aussi de nommer des gestes que vous auriez tendance à poser dans des circonstances semblables.

Les cas	**Vos réactions et les gestes à poser**
Jean aime la solitude et il a peu tendance à partager ses expériences avec les autres. À la demande de son épouse, il accepte d'aller vivre une fin de semaine de réflexion sur la vie de couple, organisée par la communauté catholique de la paroisse.	
Monique est une personne qui aime les sports compétitifs et elle y trouve beaucoup de satisfaction. Elle est bien considérée dans les milieux sportifs et elle réussit bien dans les sports qu'elle choisit. Elle accepte de participer à un comité de travail dans son milieu pour élaborer une politique qui favoriserait des activités sportives pour la masse plutôt que pour une élite.	
Jeanne est une personne tolérante, qui affectionne la liberté tant de penser que d'agir. Elle milite dans des mouvements qui favorisent ces valeurs. Elle accepte de se présenter aux élections de sa municipalité et elle croit pouvoir y défendre ses options. Elle se présente sous la bannière du parti qui a actuellement la majorité au conseil municipal.	

Exploitation de l'activité

Que faire face à de nouvelles expériences?

Dans l'activité #24, vous aviez à examiner vos réactions par rapport à trois situations différentes. De plus, vous pouviez nommer des gestes que vous auriez tendance à poser dans de telles circonstances.

1. Que retenez-vous du cas de Jean, du cas de Monique et celui de Jeanne?

2. Dans ces trois personnages, pouvez-vous en nommer un qui vous ressemble plus particulièrement? Pourquoi? Adoptez-vous des valeurs similaires?

3. Parmi les valeurs suivantes, pouvez-vous en distinguer qui sont complètes pour vous (voir les huit critères d'une valeur complète)?
   L'individualisme, la compétition, l'élitisme, la démocratie, la tolérance et la liberté.

4. Quelle sera votre prochaine action dans ce processus d'auto-analyse?

Période	*Titre*	*Outil/CIF*
Saisir ses valeurs	**Ma recherche de nouveaux contacts**	**# 25**

Comme pour les nouvelles expériences personnelles, nous avons des attitudes de base par rapport au phénomène de la recherche de nouveaux contacts. Pour les uns, il s'agit d'une attitude d'ouverture à toutes les possibilités d'entrer en relation avec d'autres que leurs pairs. Il s'agit même souvent d'une recherche systématique d'échange, de communication avec les autres. Pour les autres, il s'agit d'une attitude de fermeture. Les contacts demeurent purement utilitaires et il n'y a pas de souci d'entrer en relation avec d'autres. Il y a une espèce d'autosuffisance, du moins en apparence. Évidemment, ces attitudes ouverture/fermeture constituent les pôles extrêmes d'un continuum. Nous nous situons quelque part entre une attitude d'ouverture totale et une attitude de fermeture totale.

Pour le moment, ces attitudes seront appliquées aux nouveaux contacts et non à nos pairs (c'est-à-dire ceux qui font partie de notre entourage immédiat).

Pistes de travail

1. Parmi les six cas suivants, pouvez-vous dire lequel rejoint le plus votre manière d'être par rapport à la recherche de nouveaux contacts ?

   Cas 1 Je suis spontanément à la recherche de nouvelles possibilités de communiquer avec les autres.

   Cas 2 Je suis très sélectif dans ma recherche de nouvelles possibilités de communiquer avec les autres.

   Cas 3 Je suis réticent à entrer en communication avec des personnes que je ne connais pas.

   Cas 4 Je préfère limiter mes contacts avec de nouvelles personnes à des aspects strictement utilitaires.

   Cas 5 Je provoque des situations qui me permettront d'entrer en contact avec de nouvelles personnes.

   Cas 6 Je me retire spontanément lorsque je constate que les nouveaux contacts peuvent entraver ma démarche personnelle.

2. Le choix de l'un des cas précédents est sans nuance. À la lumière de ce choix, pouvez-vous décrire par écrit votre propre cas ?

   Sur le continuum suivant, où auriez-vous tendance, spontanément, à vous situer ?

|———|———|———|———|———|———|———|———|———|———|———|———|

Fermeture aux nouveaux contacts	Ouverture aux nouveaux contacts

Exploitation de l'activité

Ma recherche de nouveaux contacts

Dans l'activité #25, vous pouviez décrire votre propre cas par rapport aux attitudes ouverture/fermeture dans votre recherche de nouveaux contacts.

1. Quelles sont vos réactions par rapport à votre position sur le continuum ?

2. Pouvez-vous relater des faits qui permettent de mieux comprendre votre position sur le continuum ?

3. Êtes-vous en mesure d'examiner les conséquences de cette situation sur votre cheminement personnel ?
   La fermeture aux nouveaux contacts peut...
   L'ouverture aux nouveaux contacts peut...

4. Quelle sera votre prochaine action dans ce processus d'auto-analyse ?

Période	*Titre*	*Outil/CIF*
Saisir ses valeurs	**Mon rejet de certains nouveaux contacts**	**# 26**

Même si nous avons une attitude d'ouverture face aux nouveaux contacts, il n'en demeure pas moins qu'il est possible que nous rejetions certaines de ces possibilités. Ces rejets peuvent venir d'expériences antérieures négatives ou encore de certaines prises de position de notre part.

Pistes de travail

1. Quels sont les types de personnes avec qui je préfère ne pas avoir de contacts ?

2. Pouvez-vous décrire une personne type avec qui vous ne souhaitez pas entrer en relation ?

3. Quelles sont les différences entre la personne type que vous avez décrite et vous-même ?

4. Y a-t-il des ressemblances entre la personne type que vous avez décrite et vous-même ?

5. Pouvez-vous décrire des situations vécues qui vous permettent d'affirmer que vous ne voulez pas entrer en contact avec la personne type que vous avez décrite ?

Exploitation de l'activité

Mon rejet de certains nouveaux contacts

L'attitude de fermeture dans la recherche de nouveaux contacts peut être un choix délibéré. Même dans cette situation, l'examen de certains de ces rejets peut nous en apprendre beaucoup sur notre propre personne.

1. Quelles sont vos réactions globales aux faits colligés à l'activité #26?

2. Le rejet de cette personne que vous avez décrite s'explique de quelle manière?
   Un préjugé.
   Un rejet des valeurs assumées par cette personne?
   Le rejet de ce qu'elle représente dans la société?
   Le rejet à cause de sa force d'influence sur votre cheminement.
   Le rejet parce qu'elle vous montre trop vos propres incohérences.
   Etc.

3. Votre perception a-t-elle changé suite à cette analyse? En quoi?

4. Quelle sera votre prochaine action dans ce processus d'auto-analyse?

Période	*Titre*	*Outil/CIF*
Saisir ses valeurs	**Les valeurs chez mes pairs**	**# 27**

Nos pairs jouent un rôle important dans notre vie. Ils sont en interdépendance avec nous et nos actions ont une influence sur eux. L'inverse est également vrai. Ils peuvent être plus ou moins présents dans les moments importants de notre vie. Même nos prises de décision les touchent. Les leurs nous touchent également.

Pistes de travail

1. Quelles sont les personnes qui ont une influence sur ma vie actuelle?
   Quelle est la nature de cette influence?
   Son importance?

2. Les personnes nommées à l'article précédent véhiculent certaines valeurs dans leurs gestes quotidiens. Pour chacune de ces personnes, pouvez-vous identifier spontanément quelques valeurs qui les définissent bien?

Noms	Valeurs* et gestes

* Pour nommer les valeurs, vous pouvez vous inspirer de la liste figurant dans l'atelier numéro 2.

3. À première vue, les valeurs qui définissent ces personnes sont-elles compatibles avec les vôtres? Pourquoi? Dans quelle mesure?

4. Parmi les personnes que vous avez nommées, laquelle est pour vous la plus importante dans votre vie et dans votre cheminement?
   Pourquoi?
   Pouvez-vous décrire des gestes ou des expériences vécues qui vous permettent de dire qu'il peut y avoir interdépendance entre cette personne et vous?

Exploitation de l'activité

Les valeurs chez mes pairs

Un pair peut se définir comme étant quelqu'un qui a des choses en commun avec nous. Également, il s'avère important dans notre propre vie.

1. Quelles sont vos principales réactions au tableau rempli à l'article deux de l'activité précédente?

2. Les valeurs saisies pour mieux cerner ces personnes sont-elles des préférences ou des références pour vous? Ou les deux à la fois?

3. Tentez d'explorer davantage votre contribution personnelle au cheminement de la personne que vous avez décrite à l'article cinq?
   Votre contribution est-elle suffisante? Est-elle en conformité avec ce qui est souhaité par cette personne?

4. Quelle sera votre prochaine action dans ce processus d'auto-analyse?

Période	*Titre*	*Outil/CIF*
Saisir ses valeurs	**Mes rejets chez mes pairs**	**# 28**

Même si nos pairs ont une influence sur notre cheminement personnel, ils peuvent parfois être l'objet d'un rejet de notre part. Certains pairs peuvent ainsi, par leurs gestes et leur manière d'être, entrer en conflit avec nous. Cette confrontation peut être bénéfique, mais elle peut également dégénérer en un rejet quelquefois réciproque.

Pistes de travail

1. Pouvez-vous nommer des personnes de votre entourage qui posent des gestes que vous ne pouvez pas accepter?

Noms	Gestes

2. Quelle influence ont ces personnes sur votre vie?

3. Quelles sont vos réactions face à ces personnes?

4. Ces personnes vous ressemblent-elles? En quoi?
   Ces personnes sont-elles différentes de vous? En quoi?
   S'agit-il selon vous d'une confrontation? Sur quoi?
   S'agit-il d'un rejet de votre part? Par rapport à quoi?
   S'agit-il d'un rejet réciproque? Comment se manifeste-t-il?

Exploitation de l'activité

Mes rejets chez mes pairs

Nos pairs ne sont pas toujours en harmonie avec nous.

1. Quelles sont vos principales réactions au tableau rempli à l'article un de l'activité #28?

2. Les valeurs saisies pour mieux cerner ces personnes sont-elles des préférences ou des références pour vous? Ou les deux à la fois?

3. Ces personnes ont-elles une large influence sur votre quotidienneté?
   Quand? Pourquoi? Comment se manifeste cette influence? Comment la recevez-vous?

4. Quelle sera votre prochaine action dans ce processus d'auto-analyse?

Période	*Titre*	*Outil/CIF*
Saisir ses valeurs	**Les moments importants de ma vie**	**# 29**

Par delà la quotidienneté, notre vie est parsemée de moments qui marquent, plus que d'autres, notre croissance personnelle. Ces moments plus intenses émergent de notre vie quotidienne ; ils sont quelquefois spontanés et quelquefois prévisibles. Ce sont en définitive des événements qui peuvent avoir un impact important.

Pistes de travail

1. Pouvez-vous faire la liste des événements marquants de votre vie ?
2. Pourquoi sont-ils importants ?
3. Avez-vous vécu ces événements seul ?
4. S'agissait-il d'une remise en question ? Laquelle ?

Le tableau suivant peut vous aider à procéder à cette collecte de faits et à vous donner une idée de l'importance de ces événements dans votre vie.

Les événements	**Quand ?**	**Pourquoi sont-ils importants ?**	**Nature de la remise en question**
Constatations générales :			

Exploitation de l'activité

Les moments importants de ma vie

L'activité #29 vous permet de faire un retour sur des moments importants de votre vie et d'en dégager une analyse personnelle.

1. Les événements décrits sont-ils en relation les uns par rapport aux autres ?

2. Les remises en question sont-elles reliées à une réflexion sur certaines valeurs ? Lesquelles ?

3. Parmi tous ces événements, lesquels ont encore une influence sur votre vie ? Estimez-vous cette influence positivement ? Pourquoi ?

4. Quelle sera votre prochaine action dans ce processus d'auto-analyse ?

Période	*Titre*	*Outil/CIF*
Saisir ses valeurs	**Une analyse de mes désirs**	**# 30**

Notre vie est un mouvement perpétuel. Celui-ci nous définit sans cesse et nous permet de nous développer selon notre rythme naturel de croissance. Nous avons cependant une emprise sur ce mouvement. Cette emprise n'est pas totale, puisque des éléments environnementaux jouent également dans ce processus de développement. Nos désirs se situent dans cette dimension, c'est-à-dire que leur réalisation dépend à la fois de notre volonté d'agir sur la réalité et des pressions environnementales. Nos désirs peuvent se retrouver à plusieurs niveaux : vie familiale, travail, biens matériels, spiritualité, etc.

Cet atelier veut nous permettre à la fois de faire un inventaire de nos désirs et de tenter de saisir les liens qui peuvent exister entre eux. Il s'agira de compléter la phrase suivante : j'aimerais que...

Pistes de travail	**Pourquoi ?**
J'aimerais que ma vie familiale devienne... J'aimerais que mon travail devienne... J'aimerais que mes loisirs deviennent... J'aimerais acquérir les biens suivants... J'aimerais rencontrer les personnes suivantes... J'aimerais vivre cette nouvelle expérience... J'aimerais réfléchir sur... J'aimerais transformer ma routine par... J'aimerais faire les apprentissages suivants... J'aimerais revoir les personnes suivantes... J'aimerais ne jamais revivre les expériences suivantes... J'aimerais refaire les activités suivantes... J'aimerais consacrer plus de temps à... J'aimerais abandonner les projets suivants... J'aimerais participer aux organisations sociales de... J'aimerais mettre ma disponibilité au service de... J'aimerais...	

Si j'avais à choisir parmi tous les éléments énoncés plus haut, lesquels seraient pour moi les trois plus importants ?

Le premier : ________	Ressemblances
Le deuxième : ________	Différences
Le troisième : ________	Sont-ils réalisables ? Quand ?
	Impliquent-ils d'autres personnes ?

Exploitation de l'activité

Une analyse de mes désirs

L'examen des désirs/aspirations est important parce qu'il peut nous permettre de mener une réflexion anticipative.

1. Les trois éléments retenus dans l'activité #30 pourraient avoir quelles conséquences sur votre vie s'ils étaient réalisés ?

2. Dans l'analyse de vos désirs, avez-vous ressenti le dilemme liberté/sécurité ? Quand ? Comment influence-t-il vos désirs/aspirations ?

3. Pour pouvoir réaliser ces désirs avez-vous besoin de l'autre ? Pourquoi ?

4. Quelle sera votre prochaine action dans ce processus d'auto-analyse ?

Période	*Titre*	*Outil/CIF*
Saisir ses valeurs	**Une description de mes certitudes**	**# 31**

Dans la perspective de notre croissance personnelle, nous sommes appelés à osciller sans cesse entre la foi et le doute. Nos certitudes et nos incertitudes s'installent dans un mouvement cyclique et créent une dynamique dans notre cheminement personnel.

Nos certitudes et nos incertitudes sont situées dans le temps. Il faut entendre par là que ce qui peut être qualifié de certitude à une époque donnée de notre vie peut devenir progressivement une incertitude à un autre moment, compte tenu de l'influence des diverses expériences vécues. De plus, il convient de noter qu'une certitude demeure telle jusqu'au moment où elle est bousculée par un questionnement. Dans cette perspective, nous pouvons dire que toute certitude comporte également sa part d'incertitude; il s'agit cependant de se centrer sur la dominante, c'est-à-dire ce qui est certain à un moment donné.

Cet atelier veut nous permettre d'amorcer une réflexion sur nos certitudes. Il s'agit d'une description qui pourra par la suite être comprise à la lumière de la description de nos incertitudes.

Pistes de travail

1. Dans ma vie présente, puis-je faire une liste des certitudes que j'ai acquises?

2. Ai-je ces certitudes depuis longtemps? Y a-t-il des événements dans mon cheminement qui ont contribué à l'acquisition de ces certitudes? Lesquels? Quand?

3. Quelle influence ces certitudes ont-elles sur ma manière actuelle d'agir, de penser?

4. À la lumière des descriptions précédentes, puis-je relever des faits qui me permettraient de cerner des failles, des doutes dans mes certitudes? À quelles expériences actuelles ces doutes sont-ils liés?

Exploitation de l'activité

Une description de mes certitudes

Une certitude n'est pas permanente. Elle peut se transformer avec le temps suite à nos expériences de vie.

1. Quelles sont vos principales réactions face aux faits colligés à l'activité #31 ?

2. Ces certitudes sont-elles importantes dans votre cheminement personnel ? En quoi ?

3. Ces certitudes sont-elles un frein ou un soutien à votre cheminement personnel ?

4. Quelle sera votre prochaine action dans ce processus d'auto-analyse ?

Période	*Titre*	*Outil/CIF*
Saisir ses valeurs	**Une description de mes incertitudes**	**# 32**

À l'atelier 31, il est mentionné que nous devons sans cesse commercer entre la foi et le doute. À ce moment, il a été possible de faire une description de vos certitudes et de commencer à s'interroger sur les doutes qui peuvent émerger.

Le présent atelier veut permettre de cerner les principales incertitudes qui vous habitent. Les incertitudes sont centrées sur des interrogations que nous pouvons avoir sur certaines dimensions de notre vie. Elles nous amènent à des temps de confusion et à des possibilités de remise en question.

Pistes de travail

Il s'agit de compléter chacune des phrases suivantes:

J'ai des incertitudes par rapport aux finalités de la vie...
Je doute de la qualité de mon travail...
Je doute des raisons qui me motivent à travailler...
J'ai des incertitudes par rapport à mes pairs...
J'ai des incertitudes par rapport à mes loisirs...
J'ai des incertitudes sur la qualité de mes objectifs de vie personnelle...
J'ai des doutes sur certaines de mes valeurs/références...
J'ai des incertitudes sur certaines de mes cohérences...
J'ai des doutes sur certaines de mes incohérences...
J'ai des incertitudes sur les perceptions que les autres ont de moi...
J'ai des doutes sur la justesse des jugements des autres à mon égard...
Je doute de certains de mes jugements de valeur...
J'ai des incertitudes sur mes projets de vie...
J'ai des incertitudes par rapport à certaines expériences personnelles...
J'ai des doutes sur ma capacité d'intervenir pour changer ma vie...
J'ai des doutes sur ma capacité d'agir en cohérence avec mes valeurs personnelles...
J'ai des doutes sur la possibilité d'utiliser mon potentiel personnel...
Etc.

Exploitation de l'activité

Une description de mes incertitudes

Nos incertitudes peuvent nous mettre sur la piste des transformations que nous souhaitons.

1. Quelles sont vos principales réactions à la suite des phrases que vous avez complétées à l'activité #32?

2. Quels sont les effets de ces incertitudes sur votre vie quotidienne?

3. Quels sont vos projets d'action pour tenter de régler certaines de ces incertitudes?

4. Quelle sera votre prochaine action dans ce processus d'autoanalyse?

Période	*Titre*	*Outil/CIF*
Saisir ses valeurs	**Ma manière de décider**	**# 33**

Notre capacité de décider est importante à examiner dans un processus de clarification des valeurs. Dans nos décisions se cachent souvent des indices du pourquoi nous agissons d'une manière plutôt que d'une autre. De plus, la décision laisse entrevoir des orientations futures.

Pistes de travail

1. Puis-je nommer certaines décisions prises qui ont affecté ma vie ?

2. Ces décisions ont été prises de quelles façons ?
   D'une manière rapide sans examen des conséquences.
   D'une manière rapide avec examen des conséquences.
   Lentement avec un examen minutieux des conséquences.
   Lentement avec un examen du pourquoi des changements souhaités.
   Etc.

3. Ces décisions ont-elle modifié votre vie selon ce que vous souhaitiez ? Y a-t-il eu des effets contraires ou différents à ce que vous cherchiez ?

4. Vos décisions se prennent-elles solitairement ou solidairement avec les autres ?

5. Revenez-vous régulièrement sur vos décisions ou avez-vous tendance à les maintenir même s'il existe des difficultés de mise en œuvre ?

6. Selon vous, y a-t-il des décisions que vous devriez prendre alors que vous n'y arrivez pas ?

Exploitation de l'activité

Ma manière de décider

L'analyse de notre manière de décider fait partie d'un processus de clarification des valeurs. Nos décisions nous modèlent selon des orientations que nous désirons prendre. Elles ont un lien avec nos désirs/aspirations.

1. Pouvez-vous relier les décisions prises avec des événements importants de votre vie?

2. Votre capacité de décider est-elle influencée dans le dilemme liberté/sécurité?

3. Votre capacité de décider est-elle influencée par le couple autonomie/interdépendance?

4. Quelle sera votre prochaine action dans ce processus d'auto-analyse?

Période	*Titre*	*Outil/CIF*
Saisir ses valeurs	**Des gestes/ des valeurs**	**# 34**

Cette activité part d'un certain nombre de valeurs qui sont fréquemment mentionnées par des personnes dans des rencontres sur le sujet. Il s'agit de voir si vous posez des gestes qui sont en relation avec ces mêmes valeurs. Il est à noter qu'il est possible de juxtaposer certaines valeurs, par exemple la liberté avec le sens des autres, ou encore le matérialisme avec l'individualisme etc. Cette juxtaposition des valeurs permet de nuancer les gestes posés. Pour nommer des gestes pour ces valeurs, il est important qu'ils soient suffisamment fréquents dans notre vie pour qu'ils soient significatifs. De plus, il est possible que vous ne puissiez noter des faits pour certaines valeurs.

LES VALEURS RETENUES: la liberté, la sécurité, le partage, la compétition, l'individualisme, la démocratie et la solidarité.	
Juxtaposition des valeurs	**Gestes posés fréquemment...**
La liberté et .... La sécurité et .... Le partage et .... La compétition et .... L'individualisme et .... La démocratie et.............. La solidarité et .... Etc.	

Exploitation de l'activité

Des gestes/ des valeurs

Le fait de juxtaposer certaines valeurs peut nous permettre de mieux nous situer et de mieux nuancer les faits que nous retenons.

1. Quelles valeurs, parmi les valeurs retenues à l'activité #34, sont pour vous impossibles à traiter (c'est-à-dire que vous ne pouvez trouver des gestes qui leur correspondent)? Rejetez-vous ces valeurs? Sont-elles des préférences sans être des références?

2. Quelles autres valeurs, aimeriez-vous voir apparaître dans ce tableau? Pourquoi?

3. Quelles sont les principales prises de conscience faites à la lumière de ce tableau de gestes?

4. Quelle sera votre prochaine action dans ce processus d'auto-analyse?

Période	*Titre*	*Outil/CIF*
Saisir ses valeurs	**Intégration verticale de la saisie des valeurs**	**# 35**

Au cours de la période de saisie des valeurs, vous avez entrepris une démarche qui était reliée à vos choix entre diverses activités d'analyse. Il s'agit ici de faire un deuxième bilan. Le premier a été réalisé à l'activité #16 qui était le bilan de la période d'exploration.

Certaines pistes sont présentées. À vous de répondre à celles qui vous aideront à mieux poursuivre votre démarche.

Bilan

1. Liste des activités vécues à fond.
2. Liste des activités vécues d'une façon superficielle.
3. Pouvez-vous faire une liste de vos prises de conscience dans chacune des activités que vous avez vécues ?
4. Pourriez-vous nommer des valeurs complètes pour vous ?
5. Pourriez-vous nommer des valeurs partielles pour vous ?
6. Comment pourriez-vous qualifier à ce moment-ci votre logique privée ?
7. Comment réagissez-vous par rapport aux valeurs dominantes de la société actuelle ?
8. Pouvez-vous dresser une liste des interrogations que vous avez après cette période de saisie de vos valeurs ?

Nouvelles actions pour saisir vos valeurs

9. Suite à ce bilan provisoire que vous venez de faire, quelles sont les nouvelles actions pour saisir vos valeurs que vous pourriez faire ?
   refaire certaines activités proposées ?
   en modifier quelques-unes pour les approfondir ?
   relire certains passages du volume ?
   fouiller dans d'autres ouvrages ?
   etc.

QUELQUES DÉMARCHES POUR RÉFLÉCHIR SUR SES VALEURS

Le retour sur l'exploration et la saisie des valeurs

Il a déjà été mentionné que les différentes périodes d'un processus de clarification des valeurs s'insèrent l'une dans l'autre. Réfléchir à ses valeurs implique que nous cherchons à faire une intégration de l'exploration et de la saisie. La réflexion sur les valeurs permet de dépasser la simple saisie. Par contre, il est important de remarquer que la pensée réflexive ne se manifeste pas sur commande à un moment donné. Déjà à la période d'exploration et à la période de saisie, la pensée réflexive est entrée en action dès que les données colligées permettaient de mieux cerner les valeurs même partielles. Dans cette section de ce volume, je voudrais vous présenter des démarches qui favorisent une pensée réflexive et anticipative. Il s'agit de démarches qui visent à soutenir la réflexion sur les valeurs qui commencent à apparaître.

La réflexion sur les valeurs permet d'aller plus en profondeur et par le fait même d'arriver à mieux cerner vos valeurs/préférences et vos valeurs/références. La saisie des valeurs ne peut se faire par magie. Elle implique un effort d'exploration, de compréhension et de réflexion. De plus, la démarche proposée dans cet ouvrage (analyse par implication successive) permet cet aller-retour. Au fur et à mesure de cet aller-retour, les valeurs se précisent et elles commencent à se clarifier pour nous.

Une intégration horizontale

Durant la période d'exploration et durant la période de saisie, deux activités vous ont été proposées dans l'intention de faire une intégration verticale (activités #16 et #35). Dans chacun de ces cas, il s'agissait de revenir et de faire un bilan sur la période en soi : faire le point sur la période d'exploration et sur la période de saisie.

Une intégration horizontale consiste à mettre en relation ces deux intégrations verticales et à confronter les données qui y sont contenues. C'est de dépasser les bilans provisoires et de chercher à réfléchir sur ce qui semble se dégager. C'est l'occasion de revenir aux faits et de les questionner pour en tirer le maximum de compréhension.

Dans la mise en pratique de cette démarche, il vous faut reprendre vos deux bilans précédents et examiner les ressemblances, les différences et tenter de les expliquer par des faits. Cet examen des convergences et des divergences peut vous mettre sur la piste de certaines actions qu'il deviendrait utile de mener pour arriver à une plus grande compréhension de vos valeurs.

Une liste des prises de conscience

Une autre démarche qui favorise la pensée réflexive est de tenir à jour une liste des prises de conscience que vous faites progressivement à l'intérieur de ce processus d'auto-analyse. Les prises de conscience peuvent concerner des valeurs qui vous apparaissent clairement. Elles peuvent également être d'un autre niveau. Il peut s'agir de faire ressortir les interrogations qui vous reviennent de plus en plus régulièrement. Celles-ci émergent de votre conscience et elles sont porteuses des indices des choses à traiter et à travailler.

Cette liste des prises de conscience est ouverte en ce sens qu'elle peut être complétée et modifiée sans cesse. Il s'agit d'y noter ce qui vous apparaît de plus en plus clairement dans le processus d'auto-analyse.

Une recherche régulière des commentaires des pairs

Il s'agit d'une autre démarche qui favorise le développement d'une pensée réflexive sur vos valeurs. Cette recherche de feed-back vous permet de recevoir un regard différent sur ce qui se dégage de l'auto-analyse.

Cette recherche d'informations chez les pairs peut se faire d'une façon globale ou encore plus spécifique. Elle sera globale lorsqu'il s'agira d'échanges sur les valeurs en soi, sur l'image que vos pairs ont de vous-même. Elle sera plus spécifique lorsque vous demanderez à vos pairs une réaction sur un fait en particulier ou sur une valeur plus précise.

Un bilan des valeurs/préférences et des valeurs/références

Il est important de nommer, suite à vos diverses collectes de faits, ce qui vous semble être des préférences et des références. Cette distinction est importante. En effet, les valeurs complètes se retrouvent à la fois dans les préférences et les références. Par ailleurs, les valeurs/préférences pourront vous mettre sur la piste de ce que vous voulez transformer dans votre quotidienneté.

Il est fortement suggéré d'utiliser les huit critères d'une valeur pour effectuer cette réflexion. Ces huit critères ont le mérite de vous situer à travers diverses facettes de la clarification des valeurs.

Ce bilan des valeurs/préférences/références peut également se faire à partir d'une liste des valeurs possibles. Il s'agira de prendre cette liste et d'y reconnaître celles qui apparaissent comme étant des préférences et des références à la lumière des faits colligés. Il ne s'agit pas de pointer mais de réfléchir à ses valeurs à partir des faits issus des activités vécues.

Qualifier notre logique privée

Notre logique privée est la résultante de l'amalgame des diverses valeurs partielles et complètes qui vous nomment. Une démarche réflexive peut se faire à partir de divers essais de qualification de cette logique. La nommer, y réfléchir, la renommer. Voilà autant d'opérations qui favorisent progressivement une meilleure connaissance/reconnaissance de cette logique privée qui définit notre manière de penser et d'agir.

Les sources de nos valeurs

Dans le deuxième chapitre de cet ouvrage, j'ai tenté d'apporter un éclairage sur les sources possibles d'une valeur. Cinq sources ont été examinées. Il serait intéressant pour l'analysé de reprendre certains éléments de sa réflexion (liste des prises de conscience, bilan des valeurs/préférences/références, qualification de la logique privée etc.) et de chercher à comprendre les diverses sources des valeurs. Ce retour sur les sources d'influence peut jeter un éclairage nouveau sur certains faits issus de la quotidienneté. Il ne s'agit pas de justifier ses gestes et ses valeurs mais de chercher à saisir les diverses influences passées et présentes.

La tenue d'un journal personnel

Il s'agit ici du journal de votre analyse. Cet outil peut être utile pour cerner l'impact du processus d'auto-analyse sur votre cheminement. En effet, il est important de signaler que l'auto-analyse peut procurer des moments intenses de satisfaction mais elle peut également provoquer des chocs, des heurts, des confrontations. C'est une possibilité du processus et il est important d'y réfléchir.

Ce journal d'une auto-analyse s'est avéré un outil essentiel pour plusieurs qui ont effectué une auto-analyse. C'est comme s'il s'agissait d'un effort d'intériorité. Ce passage d'un sentiment intérieur dans l'acte d'écrire permet de nuancer et souvent de saisir le sens profond du mouvement qui s'installe lorsque nous entreprenons un processus d'auto-analyse. Plusieurs ont qualifié cette démarche de libératrice.

Il peut s'agir d'un journal en profondeur comme il peut s'agir de quelques notes, de quelques sentiments, de quelques réactions. L'important, c'est de trouver une formule qui nous permettra de tenir à jour les effets sur notre cheminement de l'auto-analyse.

L'incubation nécessaire

Une pensée réflexive a besoin d'un temps d'incubation. Il ne faut pas bousculer cette démarche. Il est nécessaire de laisser agir le temps. Celui-ci est un partenaire de première importance dans une démarche de réflexion sur les valeurs explorées et saisies. Le temps permet de laisser aux faits et aux événements la possibilité de nous interpeller en profondeur. L'incubation peut être longue dans certains cas surtout si les valeurs qui apparaissent dans l'auto-analyse sont questionnantes et si elles bousculent la compréhension que nous avons de nous-même.

QUELQUES DÉMARCHES POUR CONSOLIDER OU TRANSFORMER SES VALEURS

Consolider ou transformer

Cet ouvrage et le processus d'auto-analyse qui y est présenté n'impliquent pas qu'il faille nécessairement transformer ces valeurs. Il s'agit de s'analyser pour mieux décider. La prise de décision peut consister à vouloir consolider certaines valeurs que nous jugeons importantes pour nous et qui méritent d'être plus ancrées dans notre quotidienneté. Il peut s'agir de valeurs partielles que nous voulons rendre plus complètes. Il peut également s'agir de valeurs complètes que nous voulons accentuer. C'est une question de choix personnel.

Dans d'autres cas, nous pouvons vouloir transformer radicalement certaines valeurs analysées. L'entreprise sera alors beaucoup plus considérable. L'examen des conséquences de cette transformation sur notre vie sera une nécessité. De plus, il s'avérera important que lors des actions de transformation vous puissiez vous remettre dans un circuit d'auto-analyse. L'insertion de ce processus dans l'activité de transformation favorise un changement plus délibéré. Elle permet également de cerner dans les faits et dans les gestes comment cette transformation s'inscrit dans notre quotidien.

Se donner un projet délibéré de changement

La consolidation et la transformation de certaines valeurs ne peuvent se faire spontanément. Il s'agit beaucoup plus de se donner des axes de développement et d'intervenir dans nos vies pour modifier non pas notre discours mais les gestes que nous posons dans le quotidien.

Ce projet délibéré de changement peut se faire soit progressivement ou d'une façon plus radicale. C'est une autre décision à prendre. Celle-ci relève davantage de notre personnalité et de l'urgence des changements à faire. Il n'y a pas de règle à ce niveau. C'est à vous de décider et du contenu du changement et de la manière dont il se fera.

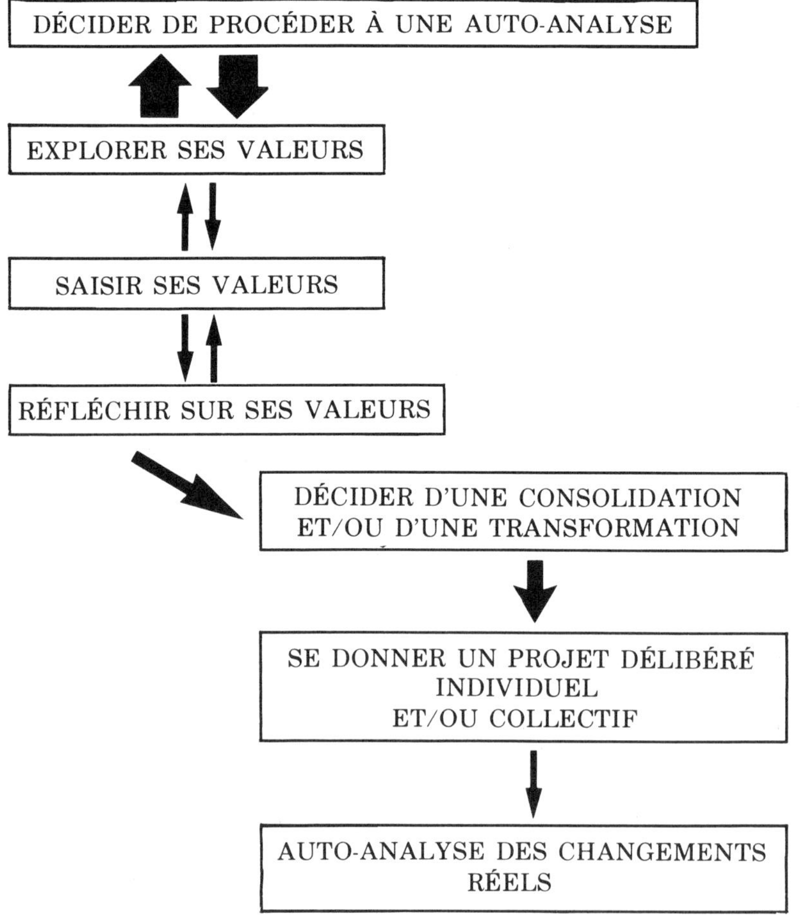

Fig. 11 S'analyser pour mieux décider.

Le projet de changement délibéré peut s'entreprendre seul ou collectivement. Souvent lorsque nos pairs ont été impliqués dans le processus d'auto-analyse, il devient plus facile d'élaborer un projet de changement collectif. Il est possible à deux conditions. Premièrement, il faut que notre démarche ait une signification pour nos pairs. En deuxième lieu, il faut qu'il y ait une compatibilité entre nos projets de changement et ceux entrevus par nos pairs.

Exploration de nouvelles avenues

Ce projet délibéré de changement nous amène à explorer de nouvelles avenues dans notre cheminement. Les effets ne sont pas connus mais ils se concrétiseront au fur et à mesure de notre démarche. Il est impossible de prévoir les effets d'un changement. L'on peut souhaiter une direction, un sens mais la réalité nous soumettra à des heurts et à des confrontations. Le véritable test pour le changement est sur le terrain du quotidien.

Dans cette perspective, il est important que le projet délibéré de changement laisse place à l'imprévisible. Il est peu utile d'essayer de tout prévoir. On peut se donner un projet délibéré d'action tout en laissant la porte ouverte. Il s'agit d'adopter une attitude qui favorise un changement dynamique qui laisse place aux nouvelles interrogations.

Un bilan périodique du cheminement

Dans la même optique que les bilans au moment de l'auto-analyse, il peut s'avérer utile de faire des temps d'arrêt pour porter un regard critique sur les effets de notre projet délibéré de changement. Une collecte des faits peut s'avérer une démarche riche pour éviter d'être insatisfait de notre cheminement.

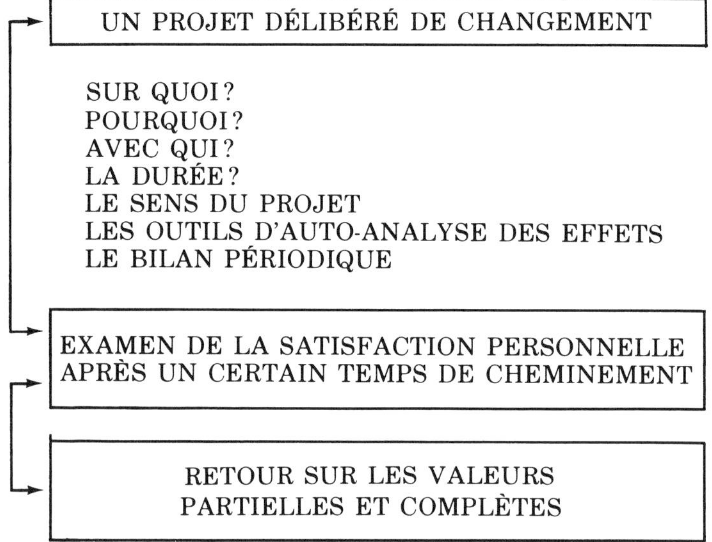

Fig. 12 Un projet délibéré de changement.

CHAPITRE QUATRIÈME

SOI ET L'AUTRE

SOI ET L'AUTRE

UNE MÉTA-VALEUR : AUTONOMIE/INTERDÉPENDANCE

SOLITAIRE ET SOLIDAIRE

SE REVOIR POUR SE VOIR

SE VOIR POUR VOIR LES AUTRES

UNE CLÉ POUR LA CONFIANCE

VERS UNE AUTO-ANALYSE INTÉGRÉE ET UNIFICATRICE

Une méta-valeur : autonomie/interdépendance

Lorsque j'ai présenté la démarche d'auto-analyse de ses valeurs, j'ai tenté de démontrer l'importance du couple autonomie/interdépendance. Ce couple, qui constitue en soi une méta-valeur, est lié à un concept selon lequel on ne peut se dissocier soi-même de l'autre, comme on ne peut dissocier l'autre de soi. C'est un principe universel et, possiblement, un invariant dans les systèmes organisés. Évidemment, cette relation avec l'autre peut prendre des orientations différentes selon les diverses conceptions de la vie. Prenons un cas limite pour illustrer ce principe.

L'ermite choisit délibérément de s'isoler du reste du monde. Il se retire volontairement des circuits traditionnels pour se créer un monde à part, le plus isolé possible. Le processus de la communication interpersonnelle est, dans son cas, quasi inexistant ; l'ermite rejette d'ailleurs fondamentalement toute relation avec autrui. Il se replie sur lui-même et ses contacts avec autrui sont absents du quotidien. Certes, il a des contacts qu'on pourrait appeler « utilitaires » ou encore, à certains moments, il se trouve en contact « forcé » avec quelqu'un qui veut s'immiscer dans sa vie, sans son accord. Même chez l'ermite, il y a donc une certaine forme d'interdépendance. Il ne pourra vivre son isolement que dans la mesure où cet isolement sera respecté par l'autre. L'autre, en entrant en relation avec lui, niera son choix de vie et l'obligera à réagir. Deux possibilités s'offriront alors à lui: fuir le contact avec l'autre ou l'établir pour lui faire bien comprendre que son intrusion n'est pas souhaitée. Il a donc besoin de la compréhension de l'autre pour pouvoir vivre en paix dans son isolement. Sa solitude n'est aucunement garantie; elle est liée à l'acceptation par l'autre de son choix. En ce sens, il y a interdépendance.

Rares sont ceux qui choisissent la vie d'ermite. Par contre, nous sommes souvent en quête d'une certaine forme d'isolement temporaire. Nous avons régulièrement besoin de nous retrouver seuls. Ce besoin peut se manifester de diverses manières dans notre vie. Il peut s'agir de moments où nous souhaitons nous retirer pour faire un retour sur nous-même ou faire un bilan personnel. Il peut s'agir aussi de périodes de temps que nous souhaitons passer à nous reposer, peut-être pour échapper momentanément aux obligations qui nous lient aux autres. Il peut s'agir enfin d'un besoin plus fondamental, plus vital, qui serait lié au choix d'un certain style de vie.

Solitaire et solidaire

La personne humaine vit à la fois solitairement et solidairement. Ce sont les deux dimensions fondamentales de notre cycle de croissance personnelle. À la limite, nous sommes des êtres solitaires. Nous sommes en devenir, seuls avec nos pensées et seuls responsables du traitement des problèmes que nous avons à résoudre. Notre expérience de croissance nous amène à faire sans cesse des hypothèses pour notre avenir, hypothèses que nous sommes, en dernier lieu, les seuls à pouvoir transformer en réalisations. Nos choix sont personnalisés. Nous avons toujours la possibilité de choisir après avoir examiné les conséquences. Même si nous cherchons à obtenir le feed-back des autres, il n'en reste pas moins que nous sommes seuls lorsque arrive le moment de choisir. Nous pouvons tenir compte des autres dans nos choix, mais personne d'autre que nous n'en assumera la responsabilité et ne les transformera en actions. C'est notre individualité qui nous inspire nos choix et c'est une démarche intérieure solitaire qui nous mène à leur réalisation. Nous n'en demeurons pas moins en interdépendance avec les autres. J'ai déjà mentionné que notre croissance dépend à la fois de nos choix et des relations que nous avons avec les autres et avec le système social. Il existe toutefois des degrés d'interdépendance; ainsi, nous serons très attentifs aux réactions de notre entourage, mais nous négligerons tout à fait celles de la société en général. Ou encore, nous choisirons en tenant compte de ceux qui nous entourent, mais nous ignorerons les pressions des normes sociales. La limite de l'interdépendance se situe au niveau des choix que nous voulons faire et des avantages que l'on y trouve.

Il en est de même de la solidarité. Nous pouvons être solidaires de la croissance de l'autre sans pourtant être solidaires du système social. La solidarité signifie que nous nous sentons liés par une responsabilité et des intérêts communs. La responsabilité commune: ne pas entraver la croissance de l'autre. L'intérêt commun: se développer selon ses choix personnels. Une telle interaction entre soi et l'autre permet de mettre en branle un processus dynamique et profitable aux deux partenaires.

Le processus interactif peut également exister entre deux personnes liées par une entente tacite (entente qui aura pu être conclue après discussion, afin d'en tirer le meilleur parti). La complicité pourra aussi être au centre du processus. De telles ententes tacites/complices se remarquent souvent chez les couples. Elles peuvent devenir le pivot d'une auto-exo-croissance très salutaire pour le couple. J'ai souvent observé, chez les couples dont la relation favorise la croissance mutuelle, une certaine complicité qui leur permet d'approfondir leurs rapports et d'agir en complémentarité.

J'ai remarqué le même phénomène lorsqu'on entreprend une auto-analyse de ses valeurs en interdépendance avec des pairs. La complicité facilite alors la démarche et ce, même si chacun véhicule des valeurs différentes. La complicité témoigne à la fois d'une compréhension de soi et de l'autre et d'une ouverture à soi et à l'autre. Ces attitudes sont essentielles à tout processus de clarification des valeurs.

Cette entente tacite-complice n'est en aucun cas un prérequis ; elle est toutefois très utile. Elle se développera souvent au cours d'activités communes, comme par exemple la clarification des valeurs, qui rejoint les profondeurs de l'être.

Se revoir pour se voir

Une démarche d'autoclarification de ses valeurs permet essentiellement de revoir sa vie à la lumière des gestes quotidiens, tout en poursuivant une recherche d'identité personnelle. Dans nos relations avec autrui, nous devons non seulement nous reconnaître, mais aussi reconnaître l'autre. La recherche de notre identité personnelle passe par un examen régulier de nos actes ; il faut alors vérifier si les hypothèses que nous formons pour notre avenir sont réalisables à partir de notre vécu actuel. Notre quotidien porte-t-il les germes de ce que nous souhaitons vivre ? Est-il porteur de la vie que nous voulons mener ? Est-il la source de nos aspirations ? Ce sont là des questions fondamentales que nous nous posons, pendant et après une auto-analyse. Les réponses à ces questions ne sont pas définitives. Elles se construisent au fur et à mesure de nos réflexions et de nos actions. Elles ne doivent pas devenir irréversibles, mais bien s'adapter à notre présent, à mesure que nous nous approprions notre vécu.

Dans notre recherche de notre identité personnelle, nous passons également par des périodes plus intenses sur le plan des expériences personnelles. La régularité n'existe pas dans ce processus. Nous vivons plutôt des « temps forts » au cours desquels nous éprouvons le besoin et le désir de vivre plus conformément à nos aspirations. Ce besoin et cette volonté connaissent une phase-plateau que nous ressentons au niveau tant physique que psychologique. Nous avons tous vécu des moments où nos insatisfactions ou notre besoin de faire le point sur notre vie se transportaient au plan physique. Nous pouvons ne pas tenir compte de ces signaux ; ils ne s'en reproduiront pas moins plus tard.

Revoir ses valeurs personnelles, c'est aussi une démarche conduisant à la maturité affective et intellectuelle. C'est être à la recherche d'une plus grande satisfaction personnelle. Tout être humain cherche avant tout à atteindre la satisfaction. C'est là ce qu'on pourrait appeler le fil conducteur de notre vie. Mais, pour ce faire, il faut revoir régulièrement nos valeurs préférences/références pour pouvoir agir conformément à notre logique privée. La logique privée est, à mon avis, le premier élément qu'il faut examiner dans notre recherche de la satisfaction. Est-ce que je vis conformément à ma logique privée ? Ai-je l'impression d'intégrer cette logique à mon quotidien ? Ai-je l'impression d'agir le plus souvent possible d'une façon cohérente avec cette logique privée ?

Revoir ses valeurs personnelles, c'est arriver à se voir dans le présent et dans l'avenir. Savoir ce que l'on fait actuellement pour pouvoir émettre des hypothèses sur ce que l'on souhaiterait réaliser dans un avenir rapproché. En cernant ce qui nous satisfait et ce qui ne nous satisfait pas dans notre situation présente, nous sommes mieux à même d'orienter nos efforts vers l'accession à une plus grande satisfaction.

Se voir pour voir les autres

J'ai expliqué précédemment l'importance du regard critique des pairs dans tout processus de clarification des valeurs. Ce regard critique ajoute aux informations que nous possédons sur nous-même et nous permet de faire une analyse plus nuancée, qui évite le réductionnisme. L'analysé découvre ainsi ses valeurs à la lumière de données qui proviennent de plusieurs sources. Il peut mettre en relation ces faits, issus du quotidien, et en arriver à une analyse plus complète et plus juste de ses valeurs.

Il y a plus. L'auto-analyse permet de percevoir les autres sous divers angles et d'établir nos jugements sur un plus grand nombre de données. Je demande souvent aux participants des sessions de clarification des valeurs de faire l'exercice suivant avant d'entreprendre leur propre analyse. Lorsqu'ils refont le même exercice, à la fin d'une session d'auto-analyse, ils notent eux-mêmes des changements souvent étonnants :

TA PERCEPTION DE TES PAIRS IMMÉDIATS

Choisis cinq personnes que tu rencontres régulièrement dans diverses situations.

1. Décris les situations de rencontre.
2. Décris dans une phrase l'agir quotidien de chacune des cinq personnes.
3. Trouve trois mots-clés qui, selon toi, disent bien ce que tu penses de chacune de ces personnes.

La plupart du temps, les analyses diffèrent d'une fois à l'autre. Les jugements formulés avant d'entreprendre l'auto-analyse se nuancent après l'analyse. Les participants nous disent que le fait de mieux se connaître permet de percevoir l'autre de façon plus nuancée. Les jugements qu'ils portent sur autrui sont aussi beaucoup moins tranchés, beaucoup moins arbitraires. Certains prennent même conscience du fait qu'ils reprochaient fréquemment aux autres leurs propres lacunes. Leur perception d'autrui s'en trouve changée radicalement. C'est là un aspect important des relations avec autrui. Les conflits qui surgissent dans les relations interpersonnelles ont souvent pour cause une perception déficiente. Or, l'auto-analyse modifie notre perception des autres. On pourrait même dire qu'en faisant participer nos pairs à notre auto-analyse, nous leur donnons l'occasion d'améliorer la perception qu'ils ont de nous-même.

Une clé pour la confiance

La clarification des valeurs peut accroître le degré de satisfaction de l'individu face à sa vie, dans la mesure où son analyse débouche sur des projets visant à raffermir ou à transformer certains de ses agirs. Il peut en résulter une connaissance accrue de nos pairs et une meilleure perception des autres en général.

Le processus a aussi un autre avantage: il augmente la confiance en soi et la confiance dans les autres.

> On peut dire, littéralement, que le niveau de confiance est le thermomètre de la santé individuelle et sociale. Le naturel et la franchise en découlent.
>
> (Jack Gibb, p. 12, Les clés de la confiance, Le Jour/Actualisation.)

Manquer de confiance en soi signifie souvent méconnaître ses possibilités et ses valeurs. L'être humain a besoin d'avoir confiance en lui s'il veut pouvoir réaliser ses projets et surmonter les obstacles qui parsèment sa route. Il est facile d'avoir des projets, mais il est plus difficile de trouver en soi-même l'énergie suffisante pour les réaliser.

La confiance en soi nous permet de nous créer un environnement qui nous satisfait. Le manque de confiance en soi rend plus dépendant des autres, plus dépendant de la logique publique et des normes qui en découlent. La confiance en soi fait partie intégrante de notre capacité d'être autonome ou, si l'on veut, de nous prendre en charge.

L'auto-analyse peut nous permettre d'accroître progressivement, et jusqu'à un degré élevé, notre confiance en nous. Pour certains, il s'agira de la redécouvrir; pour d'autres, de la construire au fur et à mesure de leurs transformations. Il s'agit, non pas de nous apprendre à avoir confiance en nous, mais de nous transformer grâce à des projets et à des actions choisis par nous.

Vers une auto-analyse intégrée et unificatrice

L'auto-analyse a pour but d'examiner l'agir quotidien pour en dégager les points forts, les valeurs qui sont des références pour notre conduite et qui nous aident à identifier nos axes de développement personnel. Dans cette perspective, l'auto-analyse sert d'auto-développement et d'auto-thérapie.

L'auto-développement, c'est la capacité de se prendre en main pour atteindre une croissance maximale. C'est s'analyser pour mieux décider des orientations de sa vie. C'est revoir ses valeurs pour se tourner vers des activités de consolidation ou de transformation.

L'auto-thérapie, c'est le soin que nous prenons de notre personne, la prévention des problèmes éventuels ou la résolution des problèmes actuels. Il s'agit de développer des forces réflexives et anticipatives autonomes. Réflexives parce qu'elles nous permettent d'effectuer un retour sur nous-même afin de saisir nos valeurs ; anticipatives parce qu'elles nous orientent vers ce que nous voulons vivre dans un avenir rapproché.

L'auto-analyse de ses valeurs peut devenir intégrée et unificatrice dans la mesure où nous ne nous détournons pas d'une réflexion sur nous-mêmes et où nous envisageons de faire de ce processus une démarche continue. L'auto-analyse est des plus utiles lorsque nous l'intégrons à notre existence et qu'elle devient spontanée. Elle est unificatrice parce qu'elle touche à des aspects fondamentaux de notre vie, lesquels ont des effets sur l'ensemble de notre agir présent et futur.

L'auto-analyse et l'auto-développement sont tous deux axés sur la prise de conscience de sa réalité et sur la prise en mains de sa destinée. L'auto-analysé revitalise son agir à partir de son quotidien. Il est à la fois le sujet et l'objet de l'analyse. L'auto-analyse nous permet de nous distancier des modèles prédéterminés et de nous construire une forme de pensée individualisée et créatrice.

L'auto-analyse de ses valeurs est donc un geste de libération qui fait appel à la richesse de la personne humaine. C'est un acte profond qui pave la voie à une utilisation maximale de nos ressources individuelles et des ressources de notre environnement.

ÉLÉMENTS BIBLIOGRAPHIQUES

Cette bibliographie peut permettre au lecteur d'approfondir la démarche de la clarification des valeurs par certaines lectures. Il s'agit d'éléments bibliographiques qui peuvent élargir notre compréhension du problème des valeurs dans notre monde contemporain.

ABBEY, D.S. (1973), *Valuing*, Chicago, Instructional Dynamics.

ABRAMOWITZ, M. & MACARI, C. (1972), Values clarification in junior high school, dans *Educational Leadership*, 29 (7), 621-626.

ASSAGIOLI, R. (1965), *Psychosynthesis*, New York, Viking Press.

ASSAGIOLI. R. (1973), *The Act of Will*, New York, Viking Press.

BAIER, K. (1969), *Values in the Future*, New York, The Free Press.

BANET, A.G. (Ed.) (1976), *Creative Psychotherapy: A Source Book*, La Jolla, Calif., University Associates.

BANET, A.G. (1974), Therapeutic intervention and the perception of process. In J.W. Pfeiffer & J.E. Jones (Eds), *The 1974 Annual Handbook for Group Facilitators*, La Jolla, Calif., University Associates.

BARGO, Michael (1980), *Choices and Decisions: A Guidebook for Constructing Values*, Calif., University Associates.

BARMAN, C. (1975), Integrating value clarification with high school biology, dans *The American Biology Teacher*, 37 (3), 150-153.

BARMAN, C. (1974), Value clarification and biology, dans *The American Biology Teacher*, 36 (4), 241-242.

BARNABÉ, C. (1971), Les valeurs et les attentes de rôle, dans *Information*, nov. 1971, vol. 11, n° 3, pp. 8-13.

BECK, C. (1978), *Curriculum and Pedagogy for Reflective Values Education*, O.I.S.E.

BECK, C., CRITTENDEN, B.C. & SULLIVAN, E.V. (1971), *Moral Education*, New York, Newman Press.

BEHLING, H.E. Jr. (1973), What do we value in teacher education, dans *The Informer*, 3 (1), 1 ; 3.

BERGER, B., HOPP. J.W. & RAETTING, V. (1974), Values clarification and the cardiac patient, dans *Health Education Monographs*, 3 (2), 191-199.

BERSON, M.B. (1973), Valuing, helping, thinking, resolving, dans *Childhood Education*, 49 (5), 242-245.

BETOF, E. & KIRSCHENBAUM, H. (1974), A valuing approach, dans *School Health Review*, 5 (1), 13-14.

BETOF. E. & KIRSCHENBAUM, H. (1973), *Teaching Health Education with a Focus on Values*, Upper Jay, New York, National Humanistic Education Center.

BLAEUER, D.A. (1975), Student teaching and the valuing process, dans *New Directions in Teaching*, 4.

BLAIS, M. (1974), *L'échelle des valeurs humaines*, Montréal, Beauchemin.

BOLTON, R. (1974), *Values Clarification for Educators*, Cazenovia, N.Y., Ridge Consultants.

BOURKE, V.J. (1964), *Will in Western Thought*, New York, Sheed & Ward.

CASTEEL, J.D. & STAHL, R.J. (1975), *Value Clarification in the Classroom : A Primer*, Pacific Palisades, Calif., Goodyear Publishing.

CASTEEL, J.D., STAHL, R.J., ADKINSON, M. & GADSDEN, T.W. Jr. (1974), *Value Clarification in Social Studies : Six formats of the Values Sheet*, Gainesville, Fla., Florida Educational Research and Development Council, University of Florida.

C.E.Q. (1975), *Manuel du 1er mai*, avril.

CHENEY, R. (1970), Youth, sexuality and values clarification, dans *Findings*, Automne, 14-16.

CLEGG, A.A. Jr. & HILLS, J.L. (1968), A strategy for exploring values and valuing in the social studies, dans *The College of Education Record*, University of Washington, Mai, 67-68.

COLBY, A. (1975), Book review, *Harvard Educational Review*, 45 (1), 134-143.

C.S.E. (1969-70), *L'activité éducative*, Rapport annuel, Gouvernement du Québec.

C.S.E. (1975), *Voies et impasses*, Comité catholique, Gouvernement du Québec.

CURRAN, C.A. (1968), *Counseling and Psychotherapy: The Pursuit of* Values, New York, Sheed & Ward.

CURRAN, C.A. (1969), *Religious Values in Counseling and Psychotherapy*, New York, Sheed & Ward.

CURWIN, G. (1972), Pages from my autobiography, dans *Trend*, Automne, 8.

CURWIN, G., CURWIN, R., KRAMER, R.W., SIMON, M.J. & WALSH, K. (1972), *Search for Values*, Villa Maria, Pa., The Center for Learning.

CURWIN G. & CURWIN, R. (1975), Building trust: A starting point for clarifying values, dans *Learning*, 3 (6), 30-33; 36.

CURWIN, R., CURWIN, G. & al. (1974), *Developing Individual Values in the Classroom*, Palo Alto, Calif., Learning Handbooks.

CURWIN, R. & FUHRMANN, B. (1974), *Discovering your Teaching Self*, Englewood Cliffs, N.J., Prentice-Hall.

DESROSIERS, M. & SANTOSUOSSO, J. (1975), *Personalizing the Study of Foreign Cultures*, Upper Jay, N.Y., National Humanistic Education Center.

DREISCHMEIERS, W.B. (1974), Teaching for a change in attitude: Values clarification, dans *Agricultural Education Magazine*, Décembre, 129-130.

DUBUC, Jean-Guy (1980), *Les valeurs en ébullition*, Montréal, Éditions Leméac.

EVANS, C. (1974), Facing up to values, dans *Teacher*, 92 (4), 16-18: 72-73.

EXECUTIVE COUNCIL OF THE EPISCOPAL CHURCH (1970), *A Workshop on Value Clarification*, New York, Seabury Press.

FISKE, E. (1975), New techniques help pupils develop values, dans *New York Times*, Avril 30, p. 33.

FORCINELLI, J. & ENGEMAN, T. (1974), Value education in the public school, dans *Thrust*, Octobre, 4 (1), 13-16.

FREIRE, P. (1974), *Education for Critical Consciousness*, New York, Seabury Press.

FREIRE, P. (1971), *L'éducation pratique de la liberté*, Éditions du Cerf.

FREIRE, P. (1970), *Pedagogy of the Oppressed*, New York, Seabury Press. (Paru en français).

FRICK, R. (1973), Values : Games are not enough, dans *Teacher*, 91, 8-9.

GELLATT, H.B., VARENHORST, B. & CAREY, R. (1972), *Deciding : A Leader's Guide and Deciding : A Student Workshop*, New York, College Entrance Examination Board.

GENGE, B.A. & SANTOSUOSSO, J. (1974), Values clarification for ecology, dans *Science Teacher*, 41 (2), 37-39.

GOODMAN, J. (1972), An application of value clarification to the teaching of psychology, dans *Periodically* (American Psychological Association), 2 (4).

GOODMAN, J. (1973), Sid Simon on values : No moralizers or manipulators allowed, dans *Nation's Schools*, 92 (6), 39-42.

GOODMAN, J. & HAWKINS, L. (1972), Value clarification : Meeting a challenge in education, dans *Colloquy*, 5(5), 15-18.

GOODMAN, J., SIMON, S. & WITORT, R. (1973), Tackling racism by clarifying values, dans *Today's Education*, janvier, 63 (1), 37-38.

GOODMAN, J. & WALKER, M. (1975), Values clarification : Helping people to feel more valuable, dans *Ohio's Health*, Septembre, 11-15.

GRAND'MAISON, J. (1978), *L'école enfirouapée*, Montréal, Stanké.

GRAND'MAISON, J. (1975), *Une société en quête d'éthique*, Montréal, Fides.

GRAY, F. (1972), Doing something about values, dans *Learning*, 1 (2), 15-18.

GRAY, F., KOHLBERG, L. & SIMON, S.B. (1972), dans *Learning*, 1 (2), 19.

GRAY, R.D., III, (1975), They still go to the bathroom in platoons : An interview with Louis E. Raths, dans *Humanistic Educators Network*, 1 (7).

GREEN, D., STEWART, P. & KIRSCHENBAUM, H. *Training a Large Public School System in Values Clarification*, Upper Jay, NHEC.

GREEN, J. (1974), One thing I wish Mr. Green did more of is..., dans *Humanistic Educators Network, 1 (2).*

GREEN, K. (1975), Values clarification theory in ESL and bilingual education, dans *Teaching English as a Second Language Quarterly*, 9 (2), 155-164.

GREENBERG, J.S. (1975), Behavior modification and values clarification and their research implications, dans *Journal of School Health*, 45 (2), 91-95.

GROSSER, A. (1969), *Au nom de quoi ? Fondements d'une morale politique*, Paris, Seuil.

HAFEMAN, J. (1968), Teaching and valuing process, *Wisconsin Education Association*, 100 (10), 5.

HALL, B. (1973), *Values Clarification as Learning Process : A Guidebook*, New York, Paulist Press.

HALL, B. (1973), *Values Clarification as Learning Process : A Sourcebook*, New York, Paulist Press.

HALL, B. (1976), *The Development of Consciousness : A Confluent Theory of Values*, New York, Paulist Press.

HALL, B., HENDRIX, J. & SMITH, M. (1974), *Becomings : The Education to Wonder Series*, New York, Paulist Press.

HALL, B. & SMITH, M. (1973), *Value Clarification as Learning Process : A Handbook*, New York, Paulist Press.

HALL, B. & SMITH, M. (1973), *Values Clarification as Learning Process : Handbook for Christian Educators*, New York, Paulist Press.

HARDIN, J. (1975), Values clarification, micro-counseling, education of the self and achievement motivation training : A critic, dans *Meforum*. University of Massachusetts School of Education, Printemps, 30-36.

HARMIN, M. (1973-1974), *Making Sense of our Lives*, Niles, Ill., Argus Communications.

HARMIN, M. (1973), *People Projects*, Menlo Park, Calif., Addison-Wesley.

HARMIN, M. (1974), *Process Posters : Making Sens of our Lives Series*, Niles, Ill., Argus Communications.

HARMIN, M. (1974), *Value Cassettes : Making Sense of our Lives Series*, Niles, Ill., Argus Communications.

HARMIN, M. (1966), Values in the classroom : An alternative to moralizing. In W. Rogge and G.E. Stormer (Eds), *Inservice Traning for Teachers of the Gifted*, Champaign, Ill., Stipes Publishing.

HARMIN, M., KIRSCHENBAUM, H. & SIMON, S.B. (1973), *Clarifying Values Through Subject Matter : Applications for the Classroom*, Minneapolis, Minn., Winston Press.

HARMIN, M., KIRSCHENBAUM, H. & SIMON, S.B. (1969), Teaching history with a focus on values, dans *Social Education*, 33 (5), 568-570.

HARMIN, M., KIRSCHENBAUM, H. & SIMON, S.B. (1970), Teaching Science with a focus on values, dans *Science Teacher*, 37 (1), 16-60.

HARMIN, M., KIRSCHENBAUM, H. & SIMON, S.B. (1970), The search for values with a focus on math. *Teaching Mathematics in the Elementary School*, Washington, D.C., National Association of Elementary School Principals, National Educators Association and the National Council of Teachers of Mathematics.

HARMIN, M., NISENHOLTZ, B. & SIMON, S.B. (1969), Teaching for value clarity, dans *Changing Education*, 4 (1), 20-22.

HARMIN, M. & SIMON, S.B. (1965), The subject matter controversy revisited, dans *Peabody Journal of Education*, 42 (4), 194-205.

HARMIN, M. & SIMON, S.B. (1968), Using the humanities for value clarification, dans *Impact*, 8 (3), 27-30.

HARMIN, M. & SIMON, S.B. (1971), Values. In D. Allen and E. Seifman (Eds), *Teachers Handbook*, Glenview, Ill. Scott, Foresman.

HARMIN, M. & SIMON, S.B. (1967), Values and teaching : A human process, dans *Educational Leadership*, 24 (6), 517-525.

HARMIN, M. & SIMON, S.B. (1967), Working with values in the classroom, dans *Scholastic Teacher*, 89 (13), 16-17 ; 24.

HARTWELL, M. & HAWKINS, L. (with SIMON, S.B.) (1973), *Value Clarification : Friends and Other People*, Arlington Heights, Ill. Paxcom.

HAWLEY, R. (1974), *Value Exploration Through Role Playing*, New York, Hart Publishing.

HAWLEY, R. (1975), *Value Exploration Through Role Playing*, New York, Hart Publishing.

HAWLEY, R.C. (1972), Values and decision making, dans *Independent School Bulletin*, 32 (1), 19-23.

HAWLEY, R. & HAWLEY, I. (1973), *Human Values in the Classroom : A Handbook for Teachers*, New York, Hart Publishing.

HAWLEY, R. & HAWLEY, I. (1975), *Human Values in the Classroom : A Handbook for Teachers*, New York, Hart Publishing.

HAWLEY, R., SIMON, S.B. & BRITTON, D., (1973), *Composition for Personal Growth : Values Clarification Through Writing*, New York, Hart Publishing.

HOPP, J. (1974), Value Clarification for sixth graders, dans *School Health Review*, 5 (1), 34-35.

HOWE, L. (1972), Group dynamics and values clarification, dans *Penney's Forum*, 12.

HOWE, L. & HOWE, M.M. (1975), *Personalizing Education : Values Clarification and Beyond*, New York, Hart Publishing.

HOWE, L., WOLFE, D., HOWE, M.M. & KEATING, M. (1973), Clarifying values through foreign language study, dans *Hispania*, 56 (2), 404-406.

HOY, T. (1973), *A Values Clarification Design as an Organizational Development Intervention*, Washington, D.C., Projet Test Pattern.

HUGGINS, K.B. (1974), Alternatives in values clarification, dans *The National Elementary Principal*, 54 (2), 76-79.

JOHNSON, P. (1975), Understanding and using values, dans *1975 YMCA Yearbook and Official Roster*, New York, National Board of Young Men's Christian Association.

JONES, C. (1974), Can schools teach ethics?, dans *The Christian Science Monitor*, December 23, 1-2.

KELLY, P. & CONROY, G. (1972), A promotive health plan preventing alcohol and drug abuse in the schools, dans *Arizona Medicine*, January.

KINGMAN, B. (1974), *The Development of Value Clarification Skills: Initial Efforts in an English Grade Social Studies Class*, Stony Brook, N.Y., State University of New York, American Historical Association Education Project.

KIRSCHENBAUM, H. (1977), *Avanced Value Clarification*, La Jolla, Calif., University Associates.

KIRSCHENBAUM, H. (1973), Beyond values clarification, in H. Kirschenbaum and S.B. Simon (Eds.) *Readings in Values Clarification*, Minneapolis, Minn., Winston Press.

KIRSCHENBAUM, H. (1971), *Clarifying Values at the Family Table*, Upper Jay, New York, Adirondack Mountain Humanistic Education Center.

KIRSCHENBAUM, H. (1976), Clarifying values clarification: Some theorical issues and a review of research. *Group & Organization Studies*, (1), 99-116.

KIRSCHENBAUM, H. (1975), *Clarifying Values Clarification: Some Theorical Issues*, Upper Jay, N.Y., National Humanistic Education Center.

KIRSCHENBAUM, H. (1975), *Current Research in Values Clarification*, Upper Jay, N.Y., National Humanistic Education Center.

KIRSCHENBAUM, H. (1974), *Recent Research in Values Clarification*, Upper Jay, N.Y., National Humanistic Education Center. Reprinted (1975) in Meyer, J., Burnham, B. & Cholvat, J. (Eds.), *Values Education: Theory, Practice, Problems and Prospects*, Waterloo, Ont., Wilfrid Laurier University Press.

KIRSCHENBAUM, H. (1970), Sensitivity modules, dans *Media and Methods*, 6 (6), 36-38.

KIRSCHENBAUM, H. (1971), *Teaching Home Economics with a Focus on Values*, Upper Jay, N.Y., Adirondack Mountain Humanistic Education Center.

KIRSCHENBAUM, H. (1972), *The Free Choice English Curriculum*, Upper Jay, N.Y., Adirondack Mountain Humanistic Education Center.

KIRSCHENBAUM, H. (1970), The listening game, dans *Colloquy*, 3 (8), 12-15.

KIRSCHENBAUM, H. (1973), Values clarification in an organization setting. In H. Kirschenbaum & S.B. Simon (Eds.), *Readings in Values Clarification*, Minneapolis, Minn., Winston Press.

KIRSCHENBAUM, H. & BACHER, R. (1971), *Clarifying our Values : A Listening Post Program*, Minneapolis, Minn., Ausburg Publishing House.

KIRSCHENBAUM, H. & GLASER, B. (1973), *An Annoted Bibliography on Values Clarification*, Upper Jay, N.Y., National Humanistic Education Center. An abridged version appears in H. Kirschenbaum and S.B. Simon (Eds.), *Readings in Values Clarification*, Minneapolis, Minn., Winston Press.

KIRSCHENBAUM, H., HARMIN, M., HOWE, L. & SIMON, S.B. (1975), In defence of values clarification : A position paper, dans *Humanistic Educators Network*, 1 (7).

KIRSCHENBAUM, H. & SIMON, S.B. (1974), Values and the future movement in education. In A. Toffler (Ed.), *Learning for Tomorrow: The Role of The Future in Education*, New York, Vintage Books.

KIRSCHENBAUM, H. & SIMON, S.B. (1969), Teaching English with a focus on values, dans *The English Journal*, 58 (7), 1071-1976, 1113.

KIRSCHENBAUM, H. & SIMON, S.B. (1973), *Readings in Values Clarification*, Minneapolis, Minn. Winston Press.

KLEVAN, A. (1968), Clarifying as a teacher process, dans *Educational Leadership*, 25 (5), 454-455, 457-458.

KNAPP, C.E. (1972), Attitudes and values in environmental education, dans *The Journal of Environmental Education*, Été, 3 (4), 26-29.

KNAPP, C.E. (1972), *Teaching Environmental Education with a Focus on Values*, Upper Jay, N.Y., Adirondack Mountain Humanistic Education Center.

KNAPP, C.E. (1972), The environment: Children explore their values, dans *Instructor Magazine*, 81 (7), 116-118.

KNAPP, C. & DUSHANE, J. (1974), Clarifying values for a better environment, dans *Counseling and Values*, Été, 18 (4), 266-271.

KNAPP, C. & WARREN, L. (1975), Outdoor Environmental values clarification, dans *Environmental Education Report*, Février, p. 8.

KOHLBERG, L. (1975), The relationship of moral education to the broader field of values education. In J. Meyer, B. Burnham & J. Cholvat (Eds.), *Values Education : Theory, Practice, Problems and Prospects*, Waterloo, Ont., Wilfrid Laurier University Press.

LAVELLE, L. (1951), *Traité des valeurs*, Tome I, Paris, P.U.F.

LAVELLE, L. (1955), *Traité des valeurs*, Tome II, Paris, P.U.F.

LIEBERMAN, P. & SIMON, S.B. (1965), Current events and values, dans *Social Education*, 29 (8), 523-533.

LIEBERMAN, P. & SIMON, S.B. (1965), Values and student writing, dans *Educational Leadership*, 22 (6), 414-438.

LOCKWOOD, A. (1975), A critical view of values clarification. *Teachers College Record*, 77 (1), 35-50.

LUCIER, P. (1976), « Crise des valeurs et foi chrétienne », *Consultation œcuménique sur les problèmes du Québec*, 29-31 octobre.

LUCIER, P. (1976), « La crise des valeurs au Québec », dans *Relations*, mars.

LUCIER, P. (1978), « L'école et les valeurs », dans *Prospectives*, février-avril.

MASLOW, A.H. (Ed.) (1970), *New Knowledge in Human Values*, Chicago, Henry Regnery Company.

MASLOW, A.H. (1964), *Religions, Values and Peak Experiences*, New York, The Viking Press.

MASLOW, A.H. (1971), *The Farther Reaches of Human Nature*, New York, The Viking Press.

MASLOW, A.H. (1968), *Toward a Psychology of Being*, (2nd ed.), New York, Van Nostrand Reinhold.

MAY, R. (1969), *Love and Will*, New York, W.W. Norton.

MAY, R. (1953), *Man's Search for Himself*, New York, W.W. Norton.

MCBRIDE, A. (1973), Values are back in the picture, dans *America*, 128 (15), 359-361.

MEARS, M. (1973), Who's Sid Simon and what's all this about values clarification ?, dans *Media and Methods*, 9 (7), 30-37.

MEYER, J. & al. (1975), *Values Education*, Waterloo, Ont., Wilfrid Laurier University Press.

MEYER, J. (1976), *Reflexions on Values Education*, Waterloo, Ont., Wilfrid Laurier University Press.

MICHALAK, D.A. (1970), The clarification of values, *Improving College and University Teaching*, 18 (2), 100-101.

MOREL, S. (1975), *Human Dynamics in Foreign Language Series : Human Dynamics in Italian : Teacher's Manual and Student Workbook*, Saratoga Springs, N.Y., National Humanistic Education Center.

MORRISON, E. & PRICE, M.U. (1974), *Values in Sexuality : A New Approach to Sex Education*, New York, Hart Publishing.

NASH, R. & SHIMAN, D. (1974), The English teacher as questioner, dans *English Journal*, décembre, 63 (9), 38-44.

NAUD, André et MORIN, Lucien (1979), *L'esquive. L'école et les valeurs*, Québec, CSE, Gouvernement du Québec.

OSMAN, J.D. (1973), A rational for using value clarification in health education, dans *Journal of School Health*, 43 (10), 621-623.

OSMAN, J.D. (1973), Teaching nutrition with a focus on values, dans *Nutrition News*, 36 (2), 5.

OSMAN, J.D. (1974), The use of selected value clarifying strategies in health education, dans *Journal of School Health*, 44 (1), 21-25.

OSMAN, J. & KENNY, B. (1974), Value growth through drug education, dans *School Health Review*, 5 (1), 25-30.

PAQUETTE, Claude (1979), *Le projet éducatif*, Victoriaville, Éditions NHP.

PAQUETTE, Claude (1980), *Le projet éducatif et son contexte*, Victoriaville, Collection Contexte, Éditions NHP.

PAULSON, Wayne (1974), *Deciding for Myself: A Values Clarification Series*, Minneapolis, Minn., Winston Press.

PERRON, J. (1975), « Les valeurs de notre système d'éducation, version d'adolescence », dans *L'École coopérative*, juin, pp. 25-30.

POETKER, J. (1973), A strategy for value clarification, dans *Social Science Record*, 11 (1), 3-5.

PROUDMAN, C. (1972), *Values*, New York, Friendship Press.

RATHS, L.E. (1969), *Teaching for Learning*, Columbus, Ohio, Charles E. Merrill.

RATHS, L.E., HARMIN, M. & SIMON, S.B. (1967), Helping children clarify values, dans *Today's education*, 56 (7), 12-15.

RATHS, L.E., HARMIN, M. & SIMON, S.B. (1966), *Values and Teaching*, Colombus, Ohio, Charles E. Merrill.

REES, F.D. (1970), Teaching values through health education, dans *School Health Review*, 1 (1), 15-17.

REES, F.D. (1972), Teaching the valuing process in sex education, dans *School Health Review*, 3 (2), 2-4.

ROBERTS, D.F. & ROBERTS, G. (1973), Techniques for confronting sex-role stereotyping, dans *School Psychology Digest*, 47-54.

ROGERS, C.R. (1969), *Freedom to learn*, Columbus, Ohio, Charles E. Merrill.

ROKEACH, M. (1968), *Beliefs, Attitudes and Values: A Theory of Organization and Change*, San Francisco, Jossey-Bass.

ROKEACH, M. (1973), *The Nature of Human Values*, New York, The Free Press.

ROKEACH, M. (1975), Toward a philosophy of value education. In J. Meyer, B. Burnham & J. Cholvat (Eds.), *Values Education: Theory, Practice, Problems and Prospects*, Waterloo. Ont., Wilfrid Laurier University Press.

SADKER, D., SADKER, M. & SIMON, S.B. (1973), Clarifying sexist values, dans *Social Education*, 37 (8), 756-760.

SANTOSUOSSO, J. (1974), Should schools deal in values clarification? dans *The Watman Educational Services Bulletin*, 3 (10), 2.

SAX, S. & HOLLANDER, S. (1972), *Reality Games: Games People « Ought to » Play*, New York, Popular Library.

SCHINDLER-RAINMAN, E. (1970), Are values out of style ?, dans *Journal of the National Association of Women Deans and Counsellors*, automne, 18-22.

SCHLAADT, R. (1974), Implementing the values clarification process, dans *School Health Review*, 5 (1), 10-12.

SHATTUCK, J.B. (1970), Using the sciences for value clarification, dans Science Education, 54 (1), 9-11.

SIMON, S.B. (1973), *I am Lovable and Capable*, Niles, Ill., Argus Communications.

SIMON, S.B. (1974), *Meeting Yourself Halfway*, Niles, Ill., Argus Communications.

SIMON, S.B. (1973), Star trek. In D. Briggs (Ed.), *Breaking Out*, New York, David McKay.

SIMON, S.B. (1974), Talking to parents about values clarification, dans *The Watman Education Services Bulletin*, 3 (10), 1-2.

SIMON, S.B. (1973), A values clarifier looks at poverty, dans *Issues Today*, 5 (14), 1-2.

SIMON, S.B. (1971), Dinner table learning, dans *Colloquy*, 4 (11), 34-37.

SIMON, S.B. (1972), Election year and dinner table learning, dans *Colloquy*, 5 (9), 23-25.

SIMON, S.B. (1969), Promoting the search for values, dans *Education Opportunity Forum*, 1 (4), 75-84.

SIMON, S.B. (1970), Sensitizing modules : A cure for « senioritis », dans *Scholastic Teacher*, septembre 21, 28-29, 42.

SIMON, S.B. (1971), The search for values, dans *Edvance*, 1 (3), 1-3, 6.

SIMON, S.B. (1972), The teacher educator in value development, dans *Phi Delta Kappa*, 53 (10), 649-651.

SIMON, S.B. (1970), Three ways to teach church school, dans *Colloquy*, 3 (1), 37-38.

SIMON, S.B. (1971), Two newer strategies for value clarification, dans *Edvance*, 2 (1), 6.

SIMON, S.B. (1973), Values and teaching, dans *Religious Education*, 68 (2), 183-184.

SIMON, S.B. (1972), Values clarification and shalom, dans *Colloquy*, 5 (7), 18-21.

SIMON, S.B. (1973), Values clarification — a tool for counsellors, dans *Personnel and Guidance Journal*, 51 (9), 614-618.

SIMON, S.B. (1971), Values clarification vs indoctrination, dans *Social Education*, 35 (8), 902-905, 915.

SIMON, S.B. (1974), *Values in Teaching*, Dayton, Ohio, Creative Sights and Sounds.

SIMON, S.B. (1972), What do you value?, dans *Penney's Forum*, 4-5.

SIMON, S.B. (1970), Your values are showing, dans *Colloquy*, 3 (1), 20-32.

SIMON, S.B. & BOHN, M.B. (1974), What schools should be doing about values clarification, dans *The National Association of Secondary School Principals Bulletin*, 58 (379), 54-60.

SIMON, S.B. & CARNES, A. (1969), Teaching Afro-American history with a focus on values, dans *Educational Leadership*, 27 (3), 222-224.

SIMON, S.B. & CLARK, J. (1975), *Beginning Values Clarification: Strategies for the Classroom* (Note: First printing was titled *More Values Clarification*), San Diego, Calif., Pennant Press.

SIMON, S.B. & de SHERBININ, P. (1975), Values clarification: It can start gently and grow deep, dans *Phi Delta Kappa*, 56 (10), 679-683.

SIMON, S.B. & GOODMAN, J. (1973), Values clarification: Focus on work and leisure, dans *Today's Catholic Teacher*, 7 (1), 11-15.

SIMON, S.B. & GOODMAN, J. (1973), Ways of teaching/learning, dans *Adult Leader*, 6 (1).

SIMON, S.B. & HARMIN, M. (1969), Subject matter with a focus on values, dans *Educational Leadership*, 26 (1), 34-39. Reprinted as Focus on values for more relevant schools, *New Jersey Education Association Review*, 43 (2).

SIMON, S.B. & HART, L. (1973), Values clarification, dans *Learning with Adults*, 1 (6), 15-18.

SIMON, S.B. & HART, L. (1973), Values clarification making your new year better, dans *Cross Talk*, 2 (4).

SIMON, S.B. & HARTWELL, M. (1972), Personal growth through advertising, dans *Colloquy*, 5 (11), 12-15.

SIMON, S.B. & HARTWELL, M. (1973), Values clarification: A Heritage of wisdom, dans *Curriculum Trends*, janvier.

SIMON, S.B. & MASSEY, S. (1973), Values clarification: A strategy in the search for self, dans *Education Leadership*, 30 (8), 738-739.

SIMON, S.B. & O'ROURKE, R. (1975), Getting to know you, dans *Educational Leadership*, 32 (8), 524-526.

SIMON, S.B. & SPARAGO, E. (1971), Values: Clarification and action. *Momentum*, 2 (4), 4-9.

SIMON, S.B. & WRIGHT, H. (1970), *Values Systems Techniques*. Film, New York, Episcopal Church.

SIMON, S.B., CURWIN, G. & HARTWELL, M. (1972), Teaching values, dans *Girl Scout Leader*, 14 (4), 12-13.

SIMON, S.B., DAITCH, P. & HARTWELL, M. (1971), Value clarification : New mission for religious education, dans *Catechist*, 5 (1), 8-9, 31.

SIMON, S.B., DAITCH, P. & HARTWELL, M. (1971), Value clarification : Part II, dans *Catechist*, 5 (2), 36-38.

SIMON, S.B., DAITCH, P. & HARTWELL, M. (1971), Value clarification : Part III, dans *Catechist*, 5 (3), 28-29.

SIMON, S.B., HAWLEY, R. & BRITTON, D. (1971), (1973), *Composition for Personal Growth : Values Clarification Through Writing*, Amherst, Mass., Education Research Associates & New York, Hart Publishing.

SIMON, S.B., HOWE, L. & KIRSCHENBAUM, H. (1972), *Values Clarification : A Handbook of Practical Strategies for Teachers and Students*, New York, Hart Publishing.

SIMON, S.B., KIRSCHENBAUM, H. & FUHRMANN, B. (1972), *An Introduction to Values Clarification*, New York, J.C. Penney Company.

SIMON, S.B., KIRSCHENBAUM, H. & HOWE, L. (1972), Strategies for value clarification, dans *Penney's Forum*, printemps-été, 8-11.

SIMON, S.B., SADKER, M. & SADKER, D. (1974), Where do they stand ?, dans *Instructor*, 84 (1), 110, 112, 119.

SMITH, M. (1973), Some implications of value clarification for organization development. In J.W. Pfeiffer and J.E. Jones (Eds.), *The 1973 Annual Handbook for Group Facilitators*, La Jolla, Calif., University Associates.

SMITH, M. (Ed.) (1974), (1975), *Retreat Resources : Designs and Strategies for Spiritual Growth*, (3 vol.), New York, Paulist Press.

SMITH, M. (Ed.) (1975), *Retreat Resources : Volume I : Retreats for Clergy and Religions*, New York, Paulist Press.

SMITH, M. (1977), *A Practical Guide to Value Clarification*, La Jolla, Calif., University Associates.

STEWART, J.S. (1975), Clarifying values clarification, dans *Phi Delta Kappa*, 56 (10), 684-688.

STOLLER, P., LOCK, J., WILSON, V. & WATTENMAKER, B. (1974), *Real Communication in French*, Upper Jay, N.Y., National Humanistic Education Center.

SUPERKA, D. (1974), Approaches to values education, *Social Science Education Consortium Newsletter*, novembre, 20.

SUPERKA, D., JOHNSON, P.L. & AHRENS, C. (1975), *Values Education : Approaches and Materials*, Boulder, Colorado, ERIC Clearinghouse for Social Studies/Social Science Education and the Social Science Education Corsortium.

THAL, H.M. & HOLCOMBE, M. (1973), Value clarification, dans *American Vocational Journal*, 48 (9), 25-29.

THURSTONE, L.L. (1959), *The Measurement of Values*, Chicago, University of Chicago Press.

VAN CASTER, M. (1970), *Values Catechetics*, New York, Newman Press.

WARREN, C.L. (1974), Value strategies in mental health, dans *School Health Review*, 5 (1), 22-24.

WATERGATE, (1973), Watergate emphasizes need to teach ways of choosing values, dans *Pennsylvania School Journal*, septembre, 20-22.

WEBER, Sister H. (1973), *Value Prompters*, Denver, Colorado, Colorado Council of Churches.

WESTERHOFF, J.H., III (1970), How can we teach values?, dans *Colloquy*, 3 (1), 17-19.

WILKINSON, C. (1974), Value learning replaces school religious classes, dans *The Calgary Herald*, septembre 14, p. 38.

WILSON, V. & WATTENMAKER, B. (1973), *Can We Humanize Foreign Language Education?*, Upper Jay, N.Y., National Humanistic Education Center.

WILSON, V. & WATTENMAKER, B. (1973), *Real Communication in Foreign Language*, Upper Jay, N.Y., National Humanistic Education Center.

WILSON, V. & WATTENMAKER, B. (1973), *Real Communications in Spanish*, Upper Jay, N.Y., National Humanistic Education Center.

WOLFE, D. & HOWE, L. (1973), Personalizing foreign language instruction, dans *Foreign Language Annals*, 7 (1), 81-90.

LEXIQUE

Principaux termes utilisés dans le volume «ANALYSE DE SES VALEURS PERSONNELLES»

ANALYSE RÉFLÉXIVE, L'

Le processus d'analyse réflexive, pour permettre une clarification des valeurs, peut se résumer en quatre périodes : la collecte des faits, l'exploration des faits, la lecture réflexive des faits et le dégagement des valeurs partielles et complètes. Ce processus d'analyse se poursuit par une prise de décision qui débouchera sur de nouvelles actions qui viendront modifier notre réalité.

ANALYSER, S'

S'analyser, c'est chercher à comprendre ce qui nous guide, ce qui nous pousse vers certains gestes plutôt que vers d'autres. C'est chercher à reconnaître notre toile de fond, nos racines. L'analyse ne suppose pas que l'on juge si c'est valable ou pas. L'analyse est un processus qui permet la compréhension d'une situation réelle ou vécue.

AUTONOMIE, L'

L'autonomie est la capacité de se prendre en charge.

CROISSANCE PERSONNELLE ÉQUILIBRÉE

La croissance personnelle équilibrée est une recherche constante et continue d'une plus grande cohérence. En d'autres mots, il s'agit progressivement de réduire l'écart entre nos préférences et nos références.

EXPÉRIENCE

Une expérience en soi est une dimension nouvelle de la vie. Elle est un risque en soi. Elle est, d'une façon plus ou moins grande, un état de déséquilibre, de doute, d'incertitude.

INTERFÉRENCE

Une valeur complète trouve souvent sa limite dans une autre valeur.

LIBERTÉ, LA

Revenons au sens étroit du mot liberté : il s'agit de ne pas être sous la dépendance de quelque chose. Il peut s'agir d'une dépendance par rapport à un autre, ou encore d'une dépendance idéologique quelconque. Dans un sens plus large, la liberté est l'état de celui qui ne subit pas de contrainte, c'est le pouvoir d'agir sans contrainte. C'est également, dans un sens plus politique, agir selon sa propre détermination, selon ses propres choix. C'est vivre selon sa propre destinée et non pas selon un déterminisme extérieur. Dans ce contexte, la liberté c'est choisir et, par extension, assumer ses choix (la liberté, dans cette perspective, est liée à une autre valeur : la responsabilité de ses choix).

LOGIQUE PRIVÉE

Il s'agit ici de notre manière personnalisée de penser qui se définit conformément ou non aux normes, aux valeurs, aux règles de la logique publique ou collective (c'est-à-dire ce qui est généralement acceptable dans la société dans laquelle nous vivons). La logique privée découle, est la résultante de l'interaction de nos diverses valeurs traduites dans une gestuelle. (...) Notre logique privée peut être en adéquation avec la logique publique. Par contre, il peut y avoir de la distorsion, voire une opposition radicale entre les deux. Notre logique privée nous définit et la connaissance de celle-ci nous amène à mieux nous connaître et à mieux anticiper nos gestes futurs. Elle s'installe progressivement et elle traduit ce qu'il y a de plus profond en nous, c'est-à-dire ce qui nous anime, ce qui nous fait agir, ce qui nous permet de décider des diverses orientations de notre vie.

LOGIQUE PUBLIQUE OU COLLECTIVE

(...) la logique publique ou collective (c'est-à-dire ce qui est généralement acceptable dans la société dans laquelle nous vivons). (...) Elle (la logique privée) est différente de la logique publique ou collective en ce sens que celle-ci se définit au-dessus de l'individu parce qu'elle traduit la manière de penser, de raisonner et d'agir dans une collectivité donnée.

QUOTIDIENNETÉ, LA

La quotidienneté est faite de plusieurs dimensions. En premier lieu, il y a la routine (voir ce mot) ... Notre quotidienneté est également composée de nouvelles expériences que nous sommes appelés à vivre... Une dernière dimension fait également partie de notre quotidienneté. Il s'agit des décisions que nous prenons régulièrement.

ROUTINE, LA

Il ne faut pas lui donner un sens péjoratif comme celui de l'ennui. Il s'agit beaucoup plus de gestes familiers que nous posons régulièrement à travers nos activités. Il s'agit des gestes qu'il nous faut poser pratiquement à chaque jour et qui sont facilement identifiables d'une journée à l'autre à cause de leur caractère répétitif.

SÉCURITÉ, LA

La sécurité est un état qui est confiant, tranquille, qui laisse peu de place au doute. La recherche de la sécurité se traduit souvent par certains évitements.

VALEUR

Une valeur est intimement liée à l'individu et à sa conduite. Elle est intérieure à l'individu et elle nomme ses gestes quotidiens (...) La valeur nomme l'individu et légitime ses gestes. Elle traduit souvent ce qu'il y a de plus profond en lui. Par contre, il convient de noter qu'une valeur individuelle n'est pas statique. Au fur et à mesure de nos expériences de vie, elle se consolide ou encore elle se transforme.

En fait, il s'agit de prendre les valeurs pour ce qu'elles sont, c'est-à-dire des références déterminantes pour la conduite d'une vie.

VALEUR COMPLÈTE

Huit critères pour identifier une valeur complète:

1. Elle est un choix pour l'individu.
2. L'individu a une connaissance des conséquences du choix de cette valeur.
3. Elle est observable dans les gestes quotidiens.
4. Elle donne un sens, une direction à son existence.
5. L'individu y est attaché.
6. L'individu l'affirme publiquement.
7. L'individu s'implique publiquement dans des activités qui en font la promotion.
8. Pour l'individu, il y a une forte interaction entre sa vie personnelle et sa vie professionnelle.

VALEUR/PRÉFÉRENCE

Les valeurs/aspirations/préférences sont souvent de l'ordre du discours. Il est souvent facile d'établir une argumentation pour expliciter les raisons qui nous poussent à vouloir faire la promotion de telle valeur plutôt que de telle autre. Cette argumentation, si logique soit-elle, n'entraîne pas l'intégration de ces mêmes valeurs dans la vie de tous les jours.

VALEUR/RÉFÉRENCE

C'est là la dimension essentielle d'une valeur, c'est-à-dire qu'elle soit une référence pour la conduite d'une vie. Dans cette perspective, elle nous nomme, elle nous traduit, elle nous inspire. La valeur/référence est celle qui est intégrée à notre personnalité. Elle est intérieure et elle inspire nos gestes et nos décisions. Elle a plus de profondeur qu'une valeur/préférence en ce sens qu'elle fait partie de nous-même. Il n'est pas dit qu'il ne puisse y avoir une adéquation, une cohérence entre la valeur/préférence et la valeur/référence, mais l'on observe habituellement que les préférences sont beaucoup plus larges et généreuses que ce que l'on assume dans nos gestes quotidiens.

RÉACTIONS À L'AUTEUR DE CET OUVRAGE

Si vous avez des commentaires à faire sur cet ouvrage ou encore si vous voulez communiquer vos réactions sur le processus vécu d'auto-analyse, l'auteur vous invite à le faire en lui écrivant:

CIF
Case postale 590
Victoriaville, G6P 6V7

COMPOSÉ AUX ATELIERS
GRAPHITI BARBEAU, TREMBLAY INC
À SAINT-GEORGES-DE-BEAUCE

Montmagny, Qc
février 1993

The Baptism of Howie Cobb

by

Kenneth Robbins

The University of South Dakota Press
1995

The Baptism of Howie Cobb

by

Kenneth Robbins

Library of Congress Cataloging-in-Publication Data

Robbins, Kenn.
The baptism of Howie Cobb / by Kenneth Robbins.
256 p 6" x 9"
ISBN 0-929925-28-9 : $13.50
PSe568.0226B36 1994
813'.54--dc20 94-13788
CIP

Published at Vermillion, SD by
The University of South Dakota Press